U0143480

石上墨韵

连云港石刻拓片精选

连云港市重点文物保护研究所　编著

上海古籍出版社

图书在版编目（CIP）数据

石上墨韵：连云港石刻拓片精选 / 连云港市重点文物保护研究所编.

－－上海：上海古籍出版社，2013.11

ISBN 978-7-5325-7081-2

Ⅰ.①石... Ⅱ.①连... Ⅲ.①石刻-拓片-连云港市-图集 Ⅳ.①K877.422

中国版本图书馆CIP数据核字（2013）第237329号

编辑委员会

主　任：田　明
副主任：王亚平　高　伟
委　员：（按姓氏笔划排序）
　　　　王亚平　田　明　刘洪雨　孙　亮
　　　　陈贵洲　李洪波　骆　琳　高　伟
主　编：王亚平
执行主编：高　伟
副主编：骆　琳　孙　亮　刘洪雨　陈贵洲
编辑组：（按姓氏笔划为序）
　　　　王红川　石　峰　刘洪雨　刘　阳　孙　亮　朱孔英　陈贵洲
　　　　李　晶　李　军　李　彬　芦文婷　张彦江　张义成　封其灿
　　　　封昌秀　骆　琳　祝景强　高　伟　唐　欣　韩继云　谢云峰
责任编辑：徐炜君
美术编辑：耿莹祎
摄　影：方　伟

石上墨韵
连云港石刻拓片精选
连云港市重点文物保护研究所　编著

上海世纪出版股份有限公司　出版 发行
上海古籍出版社

（上海瑞金二路272号 邮政编码 200020）
(1) 网址：www.guji.com.cn
(2) E-mail：gujil@guji.com.cn
(3) 易文网网址：www.ewen.cc

新华书店上海发行所发行经销
印　刷　上海中唱印刷有限公司
开　本　787×1092　1/8
印　张　30.5　插页　8
版　次　2013年11月第1版
　　　　2013年11月第1次印刷
印　数　1 - 2300
ISBN　978-7-5325-7081-2 / K·1800
定　价　580.00元

如有质量问题，请与承印公司联系

序

　　石刻艺术是我国古代灿烂文化的重要组成部分。凡名胜古迹，多有碑刻。连云港市拥有绵长而辉煌的历史文化，地面石刻种类繁多，涵盖了岩画、摩崖石刻、石雕、碑刻、石窟寺等类型，内容涉及社会、经济、文化、军事、宗教、科技、地理等诸多方面，见证着连云港地区的沧桑变迁，有着重要的历史价值和艺术价值，故其拓片一直是文人墨客竞相追捧的艺术珍品。

　　近年来，文化遗产的保护传承越来越受到人们的重视。为了让这些珍贵的石刻资料能够最大限度地得以完整保存、呈现，连云港市文物工作者和文物保护志愿者历时近三年，对市内重要地面石刻做了拓片记录。石刻拓片之珍贵，首先在于它能清晰、完整、准确、生动、真实地再现古代书法艺术和绘画艺术的神韵；其次在于它所记录、表现出来的内容，都是极其宝贵的历史资料，它能跨越时间与空间的界限，永久地传承于世间。

　　《石上墨韵——连云港石刻拓片精选》是从近千幅拓片中遴选出百余幅精品汇编而成的。这些拓片无论从石刻文物的史学价值还是美学价值看，都极具代表意义。其中将军崖岩画是我国迄今为止发现的最古老的新石器时代岩画，被誉为"东方天书"；孔望山摩崖造像是我国迄今为止发现的最早的东汉末期的道教、佛教石刻艺术；唐隶《东海县郁林观东岩壁纪》和宋篆《祖无择三绝碑》被金石家赵明诚和李清照夫妇收录在《金石录》中，久负盛名；明代唐伯元《游青峰记》、王同《高山流水》、《高行清风》、《归云飞鸟》、《奇泉》，以及师亮采、陶澍、钱泳等一大批明清鸿儒的名人游记，都是地方史、书法艺术爱好者争相追捧的佳作；民国的云台山抗日石刻群，真实地反映了抗日战争初期中国守军在连云港保卫战中的悲壮历史。同时，本书还收录了反映连云港市民间传统风俗的民俗石刻拓片。这些石刻拓片既有鸿篇巨制，也有尺方小品，除了具有极高的历史价值外，也体现了汉字自篆书到隶书、魏碑直至楷书的流变过程，几乎涵盖了整个中国书法史。这些具有完整时间跨度的石刻，为研究连云港地理变迁、建置沿革、城市发展、宗教历史、地方经济、文化教育、军备海防、民俗风情等，提供了多方面重要的实物资料。

　　《石上墨韵——连云港石刻拓片精选》展示了连云港地面石刻拓片成果的精髓，也凝聚了全体拓片工作人员的汗水和智慧，是港城文化遗产爱好者与守护者共同努力的结晶，期盼大家在赏析精美的石刻拓片之余，进一步提高文物保护意识，做文化遗产永久的精神守护者。

张光东

连云港市委常委　秘书长　宣传部长

目录

图 录

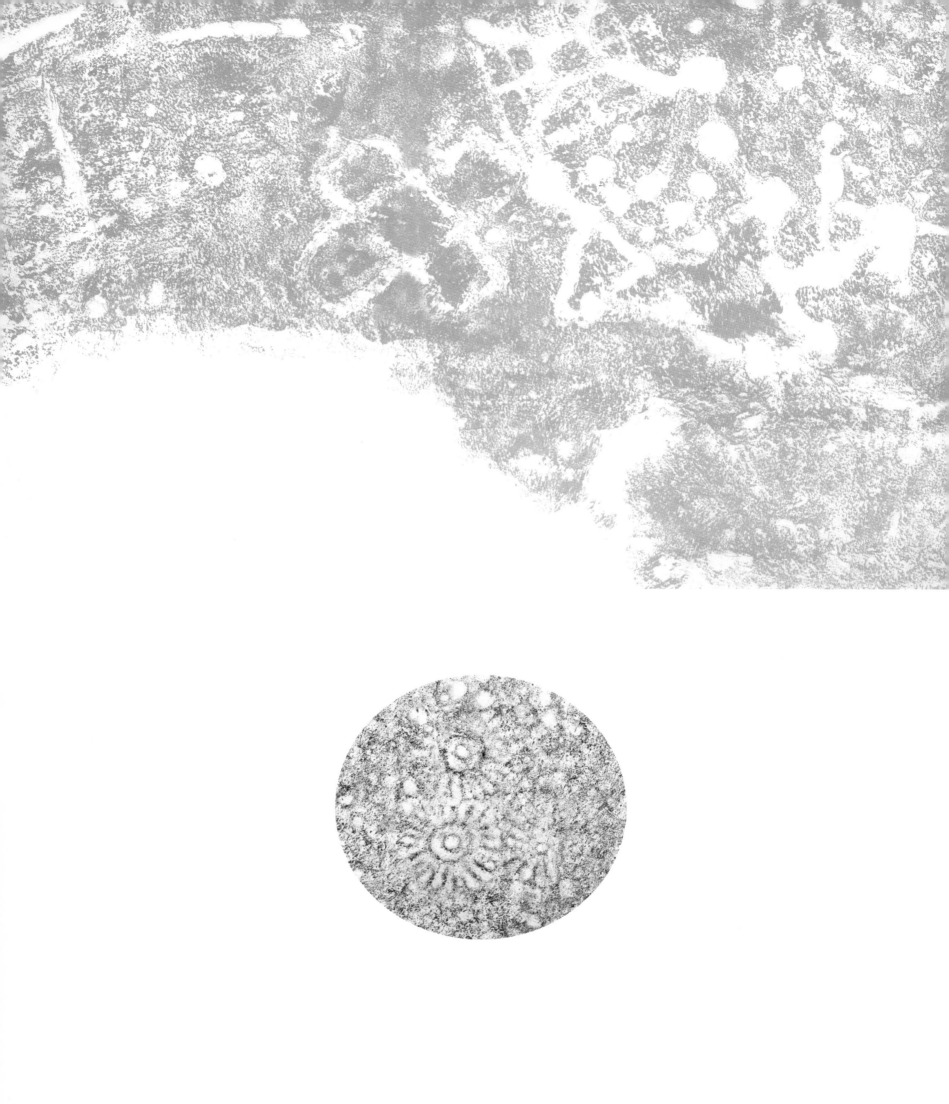

史前文明

连云港新石器时代的石刻主要有将军崖岩画和石穴岩画（俗称"星象石"）。

将军崖岩画位于连云港市海州区锦屏镇桃花村锦屏山南麓的后小山西端。岩画一共有五组，分布在南北长22米、东西宽15米的混合花岗岩构成的覆钵状山坡上。线条宽而浅，粗率劲直，风格古朴，断面呈"V"形。内容有人面、鸟头、兽面、农作物、星象及符号，年代距今约8000-10000年。第一组岩画在山坡西侧，宽4.35米，高2.71米，以人面和农作物图案为主。人面和农作物之间，还刻有鸟头、鸟面、圆点、刻划符号等；第二组岩画刻在山坡南侧，宽8米，高6米，以星象、鸟兽图案为主。大量地出现双圈圆点、单圈圆点和线条图案，并有规律地分布成带状。其中有3个呈三角形排列的太阳图案和人工刻划的"子午线"。这组岩画中还有鸟头、兽面以及大量的图形符号；第三组岩画在山坡顶部，宽4米，高1.8米，由人面像和各种符号组成；第四组岩画位于山坡顶部，包括"社石"及周边"米格"图案；第五组岩画位于该山顶部东南方向，距其他四组岩画约100米。岩画刻在宽9.7米、高0.55-1.7米的一块岩石立面上，由人面像、蹄形、火焰形、星云等图案组成。将军崖岩画是我国迄今发现时代最早的岩画，也是反映农业部落社会生活的石刻画面。将军崖岩画同时也是祭祀遗迹。我国著名考古学家苏秉琦指出："这是一件非常重要的文物，是一项难得的重大发现，是我国最早的一部天书。"

石穴岩画主要分布在连云港市海州区锦屏山、蜘蛛山、石棚山、刘志洲山、孔望山，连云区北固山，开发区华盖山、狮子山，新浦区东磊、小村，灌云县大伊山和东海县马陵山等地。这些石穴岩画多是由一个个人工磨制的圆形石穴组成，有的呈梅花状，有的排列成行，也常有随意的刻划，像洒落在天空的星星，故俗称"星象石"。部分石穴岩画周围有方形棋盘图像。石穴岩画是世界最古老的岩画题材之一，有专家认为石穴岩画为新石器时代祭祀所用，还有专家认为是丰产的象征，或是女性性别的标志。

将军崖岩画第一组

尺寸：宽435厘米、高271厘米

时代：新石器时代

将军崖岩画第二组——太阳岩画

尺寸：宽87厘米、高95厘米
时代：新石器时代

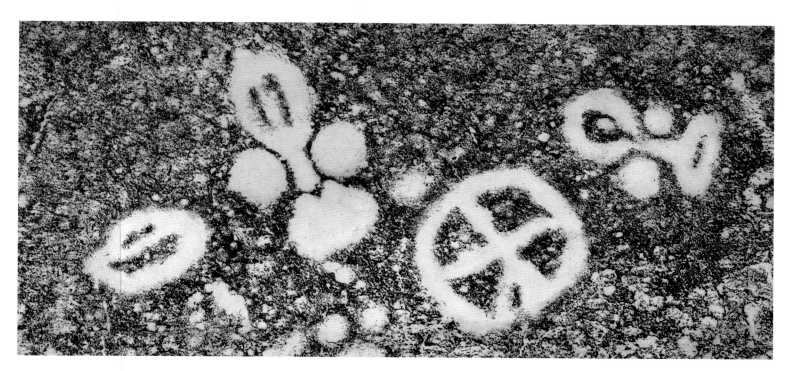

将军崖岩画第二组——符号岩画

尺寸：宽145厘米、高66厘米
时代：新石器时代

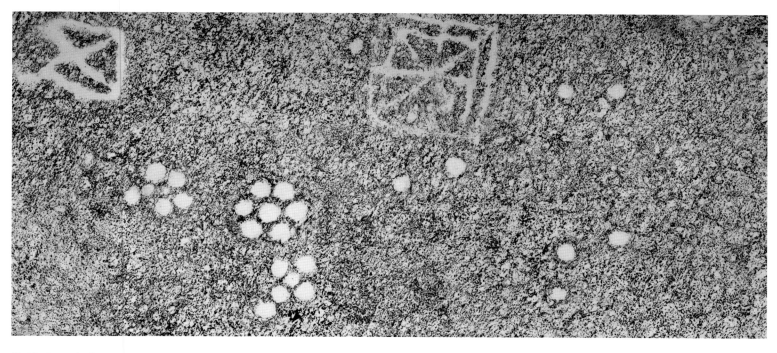

蜘蛛山石穴岩画

尺寸：宽280厘米、高120厘米
时代：新石器时代
背景：蜘蛛山石穴岩画位于连云港市海州区蜘蛛山北坡下方一块东西长约20米、南北宽约3米的平坦巨石上。整个星象石岩画由两
　　　种图案构成，第一种由两个"米格"图案构成；第二种由磨制的32个小石穴组成。其中，由六个小石穴组成一个不规则的
　　　圆形；由7个小石穴组成一个梅花图案；由六个小石穴组成十字形状；另有七个小石穴排列呈北斗星状，其中斗柄三个石穴
　　　穿过米格图案。另外，有两个小石穴散落在周边。

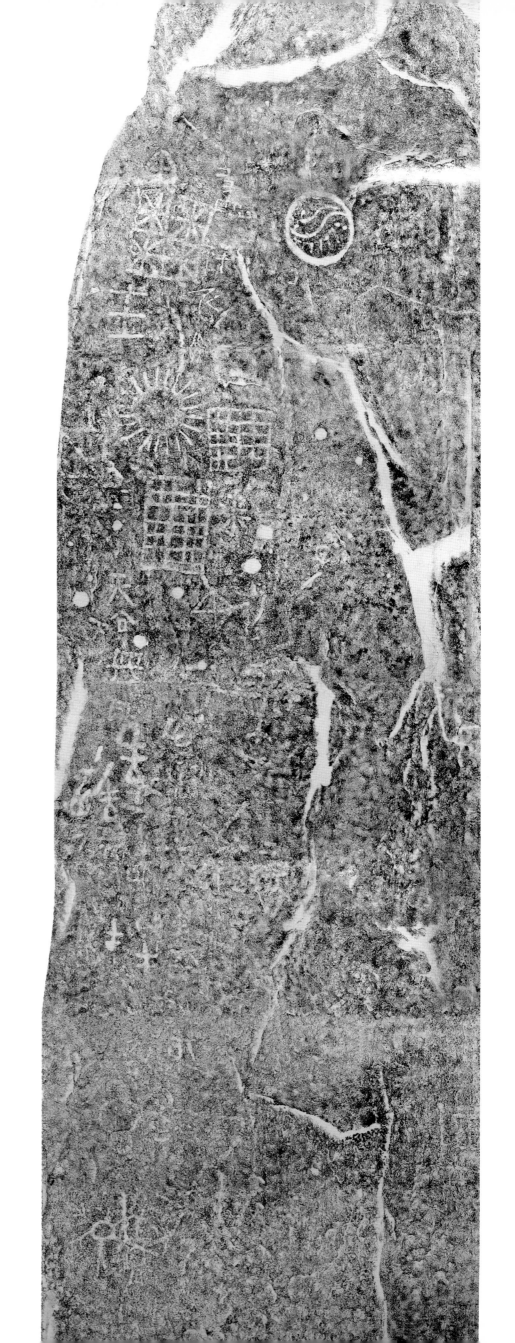

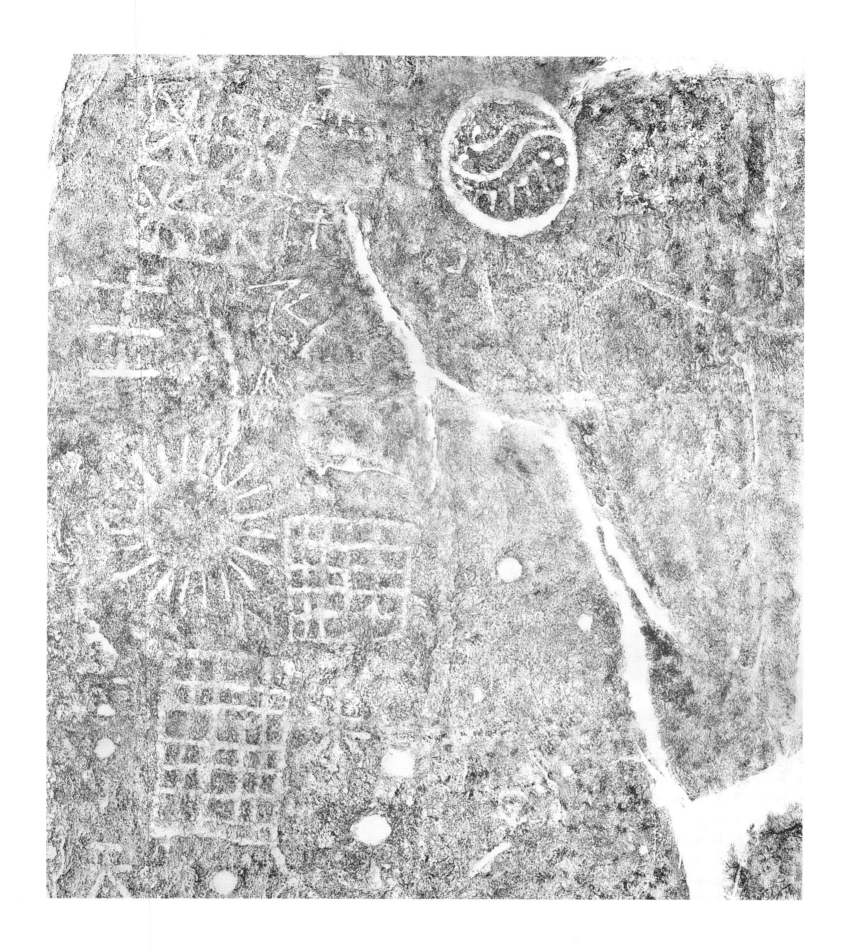

东磊"太阳石"星象岩画

尺寸：宽225厘米、高750厘米

时代：新石器时代

背景：东磊"太阳石"星象岩画位于连云港市新浦区云台乡东磊村和渔湾村之间的黄崖顶一块平坦巨石上，当地人称之为"摸忽顶"。巨石向太阳升起的东方倾斜，上半部分向前伸出，高出地面1.3米。整个星象岩画长7.5米、宽2-4米，上窄下宽，呈A字形。右上方刻有一个直径为25厘米的圆圈，圆圈内刻有三条弯曲线，其中一条下面有7条短线，类似道教的太极图。另有一个直径为18厘米的圆圈，圆圈外有向外放射形短线21条，构成一幅太阳图案。太阳图案下方刻有10个大小不等的石穴，排列有序，其中有7个石穴排列成北斗形状。另外，还有6个类似棋盘状的图案以及一些构成复杂的符号和文字。

狮子山石穴岩画

尺寸：宽302厘米、高103厘米

时代：新石器时代

背景：狮子山石穴岩画位于连云港市开发区朝阳街道狮子山东坡古道边，共有石穴岩画3处。一处位于狮子山东坡路西一处天然的平坦岩石上，整个石穴岩画是由石穴和线条构成的几何图案。一处位于狮子山东南坡平地的一处岩石上，画面是一个类似三角树杈形状图案，在其中一个分叉上面连接一个石穴。一处位于第二处石穴岩画西侧的天然石棚上，石棚上刻有石穴一个，石穴东西磨制出两线条与之相连。

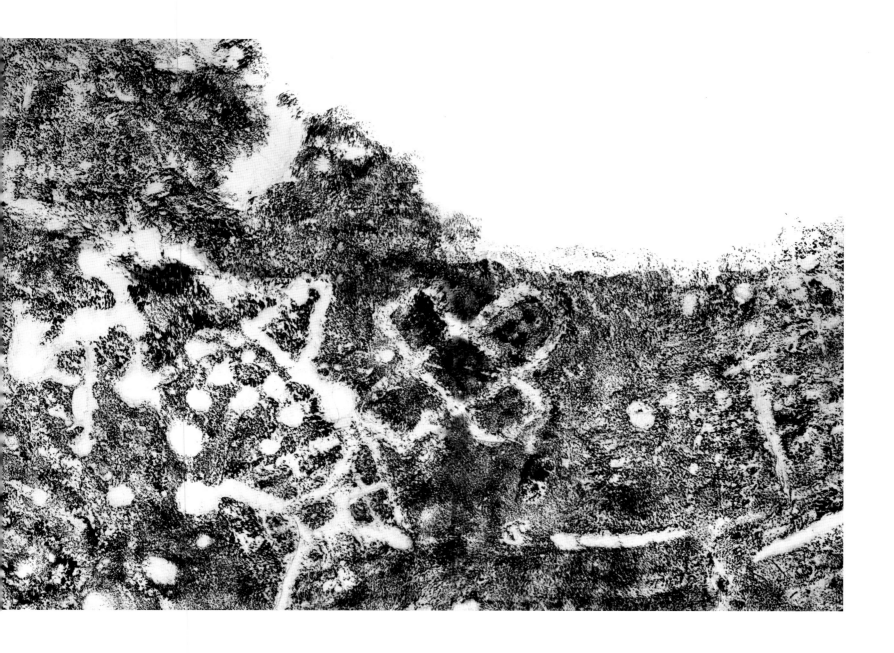

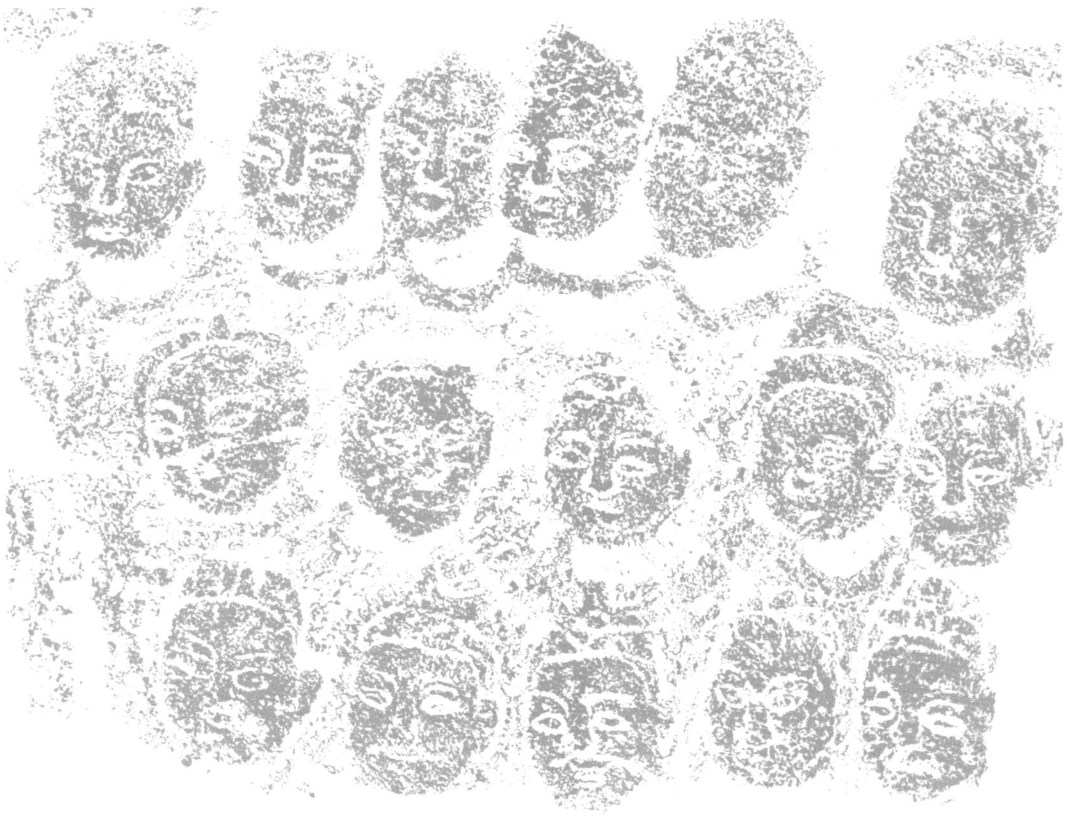

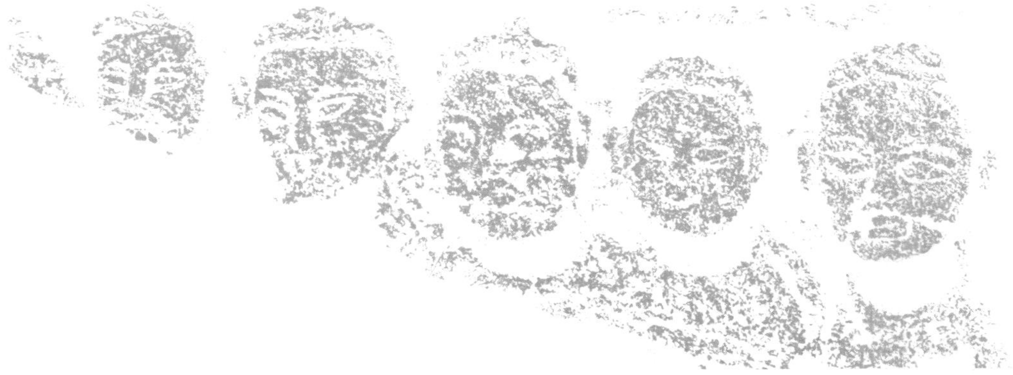

两 汉雄风

连云港两汉时期石刻主要有孔望山摩崖造像、刘志洲山石刻苑囿图及东连岛东海琅琊郡界域刻石等。

孔望山摩崖造像位于连云港市海州区朐阳街道孔望山南麓西端，是我国迄今发现最早的东汉末期同时含有道教和佛教内容的石刻艺术。造像依山岩的自然形势刻在东西宽17米、高8米的崖壁上，共计92个。造像最大的高1.50米，最小的仅高0.1米。在造像群西半部零散分布有6个人工开凿的石龛。整个造像的内容可概括为三个方面：一是佛教内容，有佛、弟子、力士和供养人等，以释迦牟尼佛的本生和本行故事为题，主要是萨陲那太子舍身饲虎、涅槃等。二是道教内容，表现道教的人物造像，主要为三尊独立的汉式衣冠正面像，是造像群中最大的造像，位置也最高。三是世俗内容，为汉画像石中常见的"进谒"、"宴饮"等图像。造像群的雕刻技法有减地平面线刻、高浮雕和阴线刻三种。其中主要以减地平面线刻为主，风格古朴。造像群附近还有象石、蟾蜍石等巨型圆雕造像和带有碑槽的"馒头"状巨石。在孔望山山顶还有同为东汉时期的道教祭祀遗迹"承露盘"。

刘志洲山石刻苑囿图位于连云港市海州区锦屏镇刘志洲山东南坡。画面由亭阁和禽兽等图像组成。两座亭阁为干栏式建筑，亭上刻有对称的穿璧纹饰，亭柱立于水中，禽兽有鸭、水鸟、鹿等等，姿态各异。石刻全部为阴线刻，线条粗犷，具有明显的汉画像石风格。

东连岛东海琅琊郡界域刻石共有两处：一处位于连云港市连云区连岛镇东连岛东端灯塔山羊窝头北麓，刻石面海而立；另一处位于连岛镇苏马湾沙滩南缘，刻石面北。羊窝头刻石因风化断为二截，字约30余个；苏马湾刻石刻面保存良好，字迹清楚可辨，内容明确，更为珍贵的是有明确纪年，字60个。二刻石文为竖文，隶体带篆意，文字排列不齐，行距不均，字径大小不等。根据现有文献材料考证，该二刻石为西汉末期东海郡与琅琊郡的界域刻石、内容涉及西汉时期琅琊郡的柜县和东海郡的朐县等地名。这是我国迄今为止发现较为完整，内容明确，有确切纪年的唯一的汉代界域刻石，弥足珍贵。对汉代的行政区划、历史地理以及古代书法史的研究有着重要的价值。

孔望山摩崖造像——"道教人物"造像

尺寸：宽88厘米、高149厘米
时代：东汉

孔望山摩崖造像——"道教人物"造像

尺寸：宽98厘米、高156厘米

时代：东汉

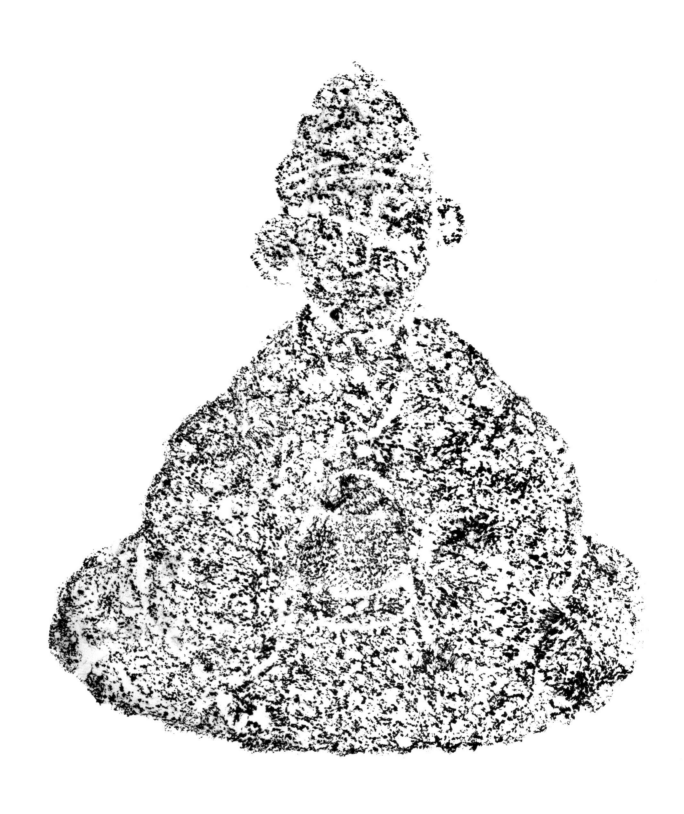

孔望山摩崖造像——"道教人物"造像

尺寸：宽107厘米、高130厘米
时代：东汉

孔望山摩崖造像——"胡人正面侧卧"造像

尺寸：宽160厘米、高81厘米

时代：东汉

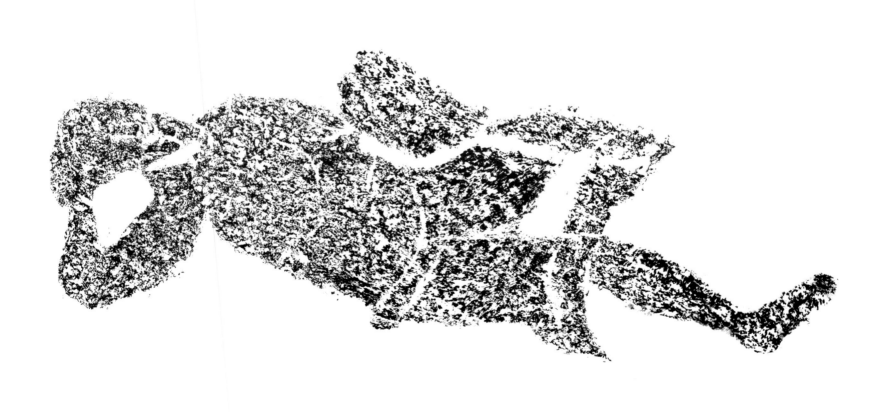

孔望山摩崖造像——"舍身饲虎"造像

尺寸：宽181厘米、高77厘米

时代：东汉

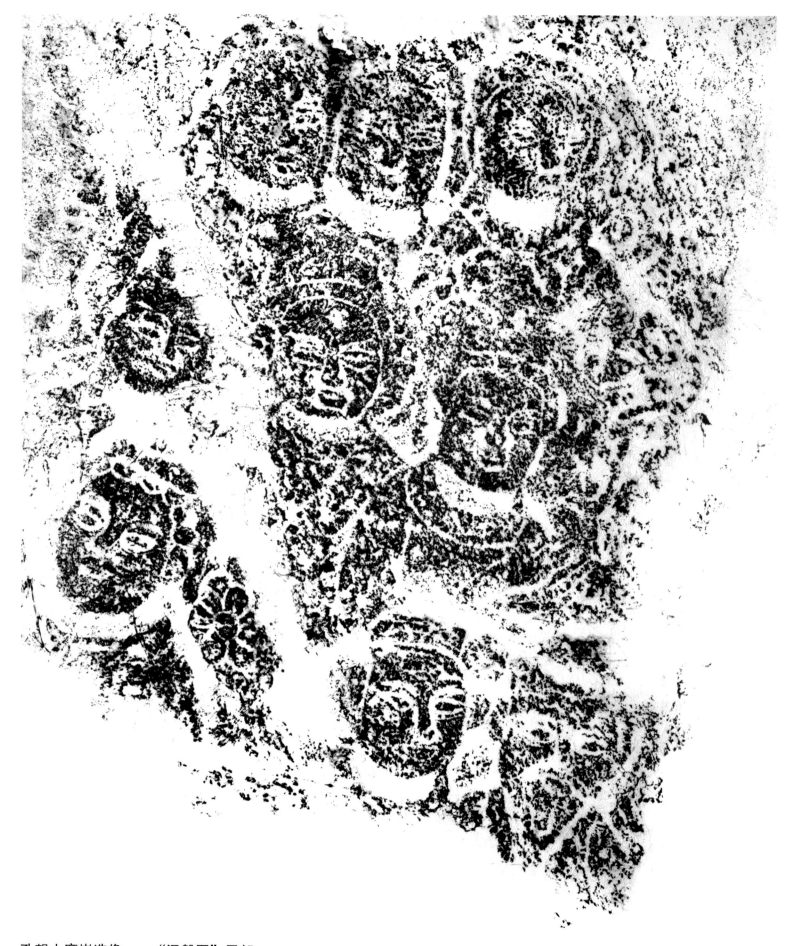

孔望山摩崖造像——"涅槃图"局部

尺寸：宽79厘米、高89厘米
时代：东汉

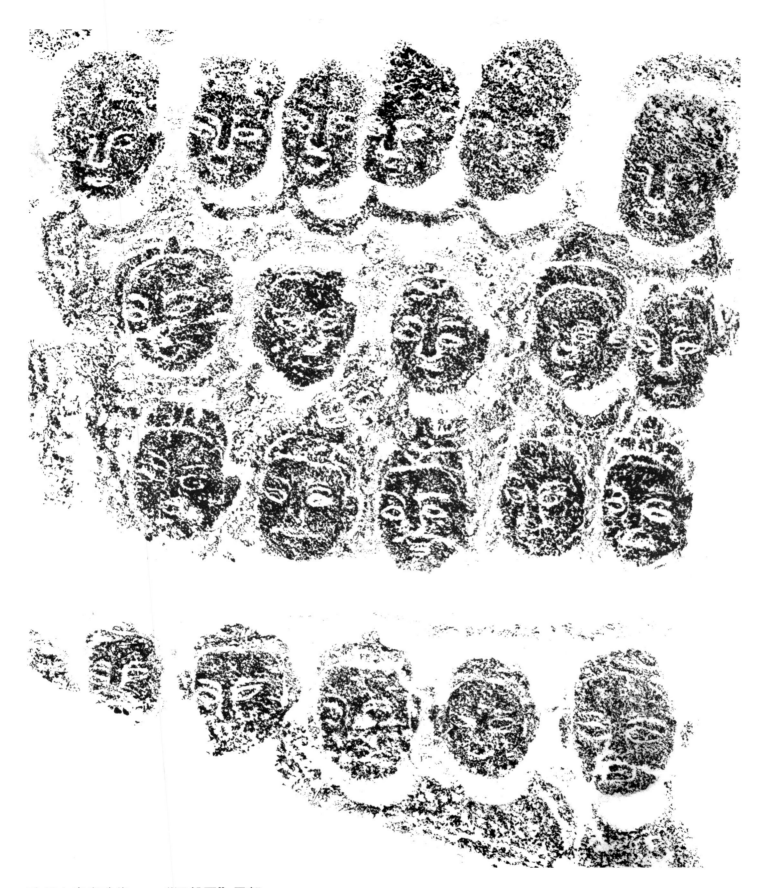

孔望山摩崖造像——"涅槃图"局部

尺寸：宽99厘米、高121厘米
时代：东汉

孔望山摩崖造像——"涅槃图"局部

尺寸：宽143厘米、高75厘米

时代：东汉

孔望山摩崖造像——"乐舞"造像

尺寸：宽173厘米、高92厘米

时代：东汉

孔望山摩崖造像——"坐佛"造像

尺寸：宽66厘米、高85厘米
时代：东汉

孔望山摩崖造像——"叠罗汉"造像

尺寸：宽66厘米、高96厘米

时代：东汉

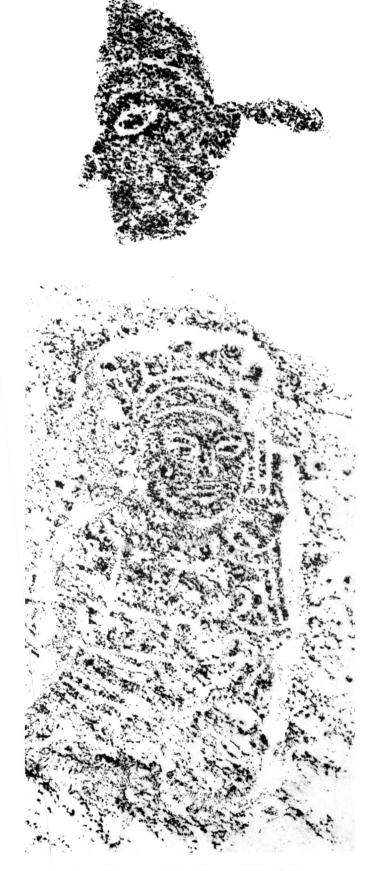

孔望山摩崖造像——"胡人"、"佛"造像

尺寸：宽36厘米、高97厘米
时代：东汉

孔望山摩崖造像——"胡人"造像

尺寸：宽61厘米、高105厘米

时代：东汉

孔望山摩崖造像——"力士"造像

尺寸：宽75厘米、高66厘米
时代：东汉

孔望山摩崖造像——"胡人坐像"

尺寸：宽77厘米、高94厘米
时代：东汉

孔望山摩崖造像——"胡人立像"

尺寸：宽41.5厘米、高67厘米

时代：东汉

孔望山摩崖造像——"侧身正面立像"

尺寸：宽66厘米、高89厘米

时代：东汉

孔望山摩崖造像——"胡人头像"

尺寸：宽66厘米、高67厘米
时代：东汉

孔望山摩崖造像——"立佛"造像

尺寸：宽65厘米、高146厘米
时代：东汉

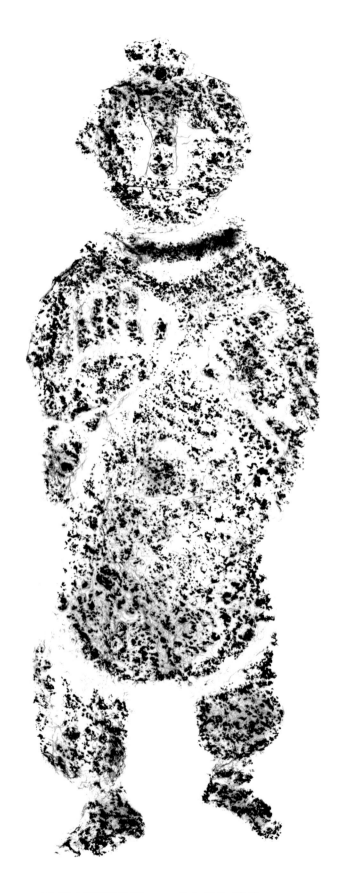

孔望山摩崖造像——"立佛"造像

尺寸：宽26厘米、高70厘米
时代：东汉

孔望山摩崖造像——"立佛"造像

尺寸：宽57厘米、高95厘米
时代：东汉

孔望山摩崖造像——"正面侧身坐像"

尺寸：宽59厘米、高80厘米
时代：东汉

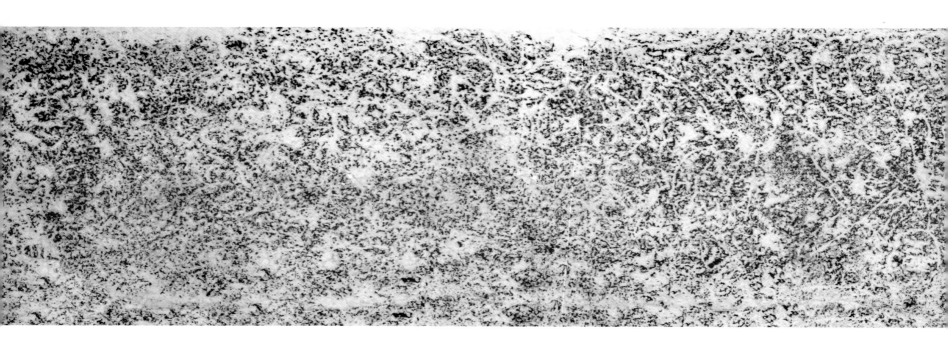

孔望山摩崖造像——龛室宴饮图

尺寸：宽112厘米、高19厘米

时代：东汉

刘志洲山石刻——苑囿图

尺寸：宽510厘米、高133厘米

时代：汉代

背景：刘志洲山石刻苑囿图位于连云港市海州区锦屏镇岗嘴村刘志洲山东南坡，刻在一块天然石壁上。画面由亭阁和禽兽等图像组成。石
　　　刻全部为阴线刻，线条粗犷，风格古朴。

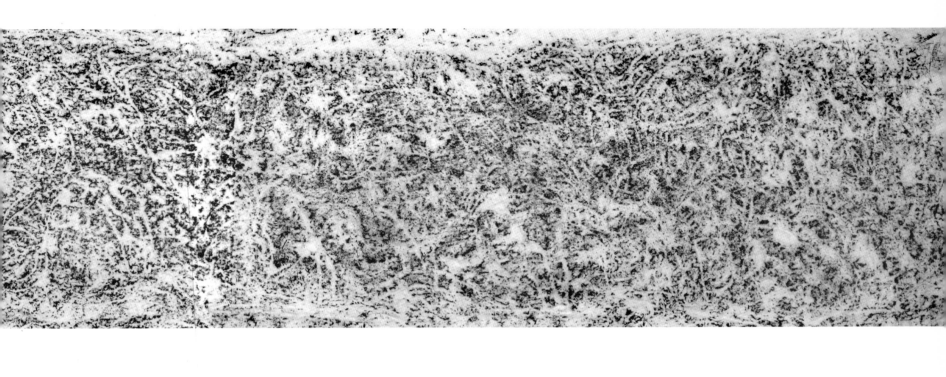

东连岛东海琅琊郡界域刻石

尺寸：宽235厘米、高96厘米、字径16×11厘米

时代：新莽

刻文：东海郡朐与琅琊郡柜为界，因诸山以南属朐，水以北属柜，西直况其。朐与柜分高顶为界，东各承无极。始建国四年四月朔乙卯，以使者徐州牧治所书造。

背景：东连岛东海琅琊郡界域刻石位于苏马湾海滨浴场沙滩南缘，刻石坐北朝南，临海而立。刻面较为平整，但字距与行距不等，最大的宽22厘米，高21厘米；最小的宽9厘米，高10厘米。全文共12行60字。2000年，经原中国历史博物馆馆长、中国考古学会副理事长俞伟超等有关专家考证，推断为新莽"始建国四年"（公元12年）东海郡与琅琊郡的界域刻石。它的发现不仅为我们复原新莽时期的郡国区划提供了一个实例，而且为研究两汉时期政区地理提供了难得的第一手资料。

孔望山圆雕石像——"象奴"造像

尺寸：宽52厘米、高76厘米

时代：东汉

崔　杳　座　亦　䄂　隆　契　何　始　　　石　技
逸　與　途　何　遊　使　遺　哥　之　顧　埋　幕
文　對　院　能　名　為　是　　齡　壁　　鑒
　　座　　造　山　害　北　養　官　歌　觸　恭
同　心　決　勒　雅　唯　　如　義　官　恭

唐宋胜迹

连云港唐宋时期的石刻主要有郁林观石刻群、龙洞摩崖石刻群、龙祠摩崖石刻群、白虎山摩崖题刻、刘志洲山石刻群及大伊山船画石刻等。

郁林观石刻群中的唐代隶书为开元七年的"东海县郁林观东岩壁纪",由海州司马崔惟怦之子崔逸撰文,是一篇文字优美的描述云台山风光名胜的游记,其结构、体态方整,收录于《金石录》,向为历代金石家所重视。宋代篆书为三言诗刻,小篆体势,镌于北宋庆历甲申年。由祖无择作诗,苏唐卿书丹,王君章镌刻。笔力遒劲,结体古拙。"唐隶"、"宋篆"二刻是古代书法艺术遗产中的瑰宝,对研究中国书法史有着很高的价值。

龙洞摩崖石刻群中隶属唐宋时期的题刻主要有余授题刻、曾孝蕴题刻等。这些内容丰富的石刻,对古海州地区水文、地理、人文、民俗、古迹都有反映,而且大都有纪年,具有极高的历史价值和科学价值。

龙祠摩崖石刻群石刻主要以宋、金等朝代为主。这些题刻主要反映了"求雨"内容,为研究中国古代史特别是研究我国古地理、古气象、古生态环境、古民俗以及古代书法提供了可信的实物资料。

白虎山摩崖题刻中唐宋时期的石刻有张叔夜登高碑、余授题名等。其中张叔夜登高碑保存较好,为北宋历史的研究提供了可靠的实物资料,尤为研究宋江事迹者所重视。

刘志洲山石刻群以宋金交战船画、招信军题刻等为主。其中船画古朴精美、透视感强。画面上战船设施齐全,清楚地刻有锚、瞭望斗、风向标等物。据考证可能跟《宋史》记载的李宝舟师"锚泊东海"与魏胜共抗金兵的事件有关。

大伊山宋代船画石刻采用写实的雕刻方法,细致详实地描绘出船身、平衡舵、桅杆、桨、帆等船的构造特征,对于研究连云港市的造船史、海岸线的变迁特别是宋金交战期间几次海战提供了重要的实物资料。

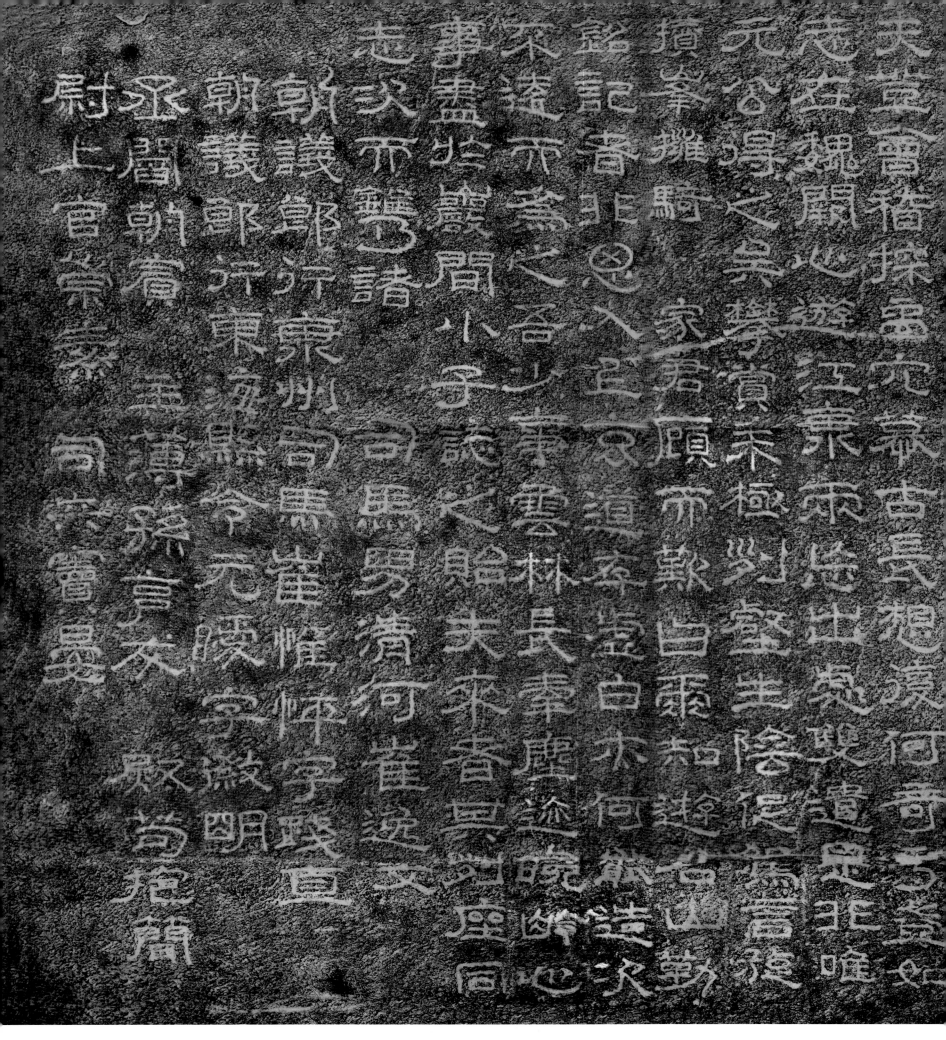

郁林观石刻群——"唐隶"题刻

尺寸：宽380厘米、高199厘米、字径10厘米

时代：唐·开元七年（719）

刻文：东海县郁林观东岩壁纪

纪曰：维大唐开元七年，岁在己未粤正月庚寅朔，时大人出为海州司马，礼当巡属县、问耆疾，周览海甸，察听盯谣。人无事矣，乃回驾惕想，眇瞩云山，寻紫翠之所，登虬龙之道。盖欲征灵宅吉，洗我尘虑；岩岩直上，宵宵傍邅。雾月与碧海同深，霞朝将赤城争峻。代有知而不能至者，至而不能赏者，赏而不能穷者！亟闻我东海县宰河南元公：光发幽蹋，起予泉石，缔思构匠，蹋洁形胜，遥披丛篁，凿崩壁。悬流喷水，藏宿雨而时来；卧石埋云，触摇风而不散。历时花木，红紫无名，入听笙歌，宫商自合。固可为真人之别馆，元始之离宫哉！夫登会稽探禹穴，慕古长想，复何奇乎？岂如志在魏阙，心游江海，两忘出处，双遣是非，唯元公得之矣！攀赏未极，列壑生阴，促驾言旋，攒峰拥骑。家君顾而叹曰：尔知

游名山，勒铭记者，非思入上玄，道存虚白，亦何能造次不远而为之！吾少事云林，长牵尘迹；晚龄心事，尽于岩间。小子志之，贻夫来者。其列座同志，次而镌诸。司马男清河崔逸文。朝议郎行海州司马崔惟忭字践直、朝议郎行东海县令元暧字徽明、丞阎朝宾、主簿孙亨友、尉苟抱简、尉上官崇素、司兵窦晏。

背景：《东海县郁林观东岩壁纪》是唐代海州司马崔惟忭携子崔逸等人游览云台山的一篇游记。作者崔逸，唐人，出自清河崔氏青州房，东汉尚书崔琰（季珪）之后，唐海、沂二州司马崔惟忭之子。郁林观始建于隋开皇年间，坐落在云雾缭绕风景如画的花果山狮子岩下。在嶙峋的石壁上，唐、宋、明、清的历代文人雅士都留下了墨宝刻石，堪称我国书法艺术史上的瑰宝。北宋著名金石家赵明诚曾携妻李清照专程来此考察，并收录于其编纂的《金石录·今存碑目》中，明云台三十六景中称其为"仙宫碑篆"。近代著名作家、篆书家叶圣陶先生亦为此亲笔题写"唐隶宋篆"篆于其左。

根据石刻内容得知，《东海县郁林观东岩壁纪》刻于唐开元七年（719），全文共393字。它分间宽博，气韵开达，又疏密停匀，遒劲飘逸。其用笔布白，极富汉碑《石门颂》的特色。全文情景交融，寓意清新，辞章绮丽，对仗工整。可惜书刻者无款，但可断言，书是国手，刻是名匠。

郁林观石刻群——"宋篆"题刻

尺寸：宽595厘米、高485厘米、字径25厘米

时代：北宋·庆历四年（1044）

刻文：正文：清原王公衮君章、武功苏唐卿致尧、范阳祖无择择之。犯惊涛，舣溟渤。披宿莽，展崛岫。憩盘石，解簪袯。把飞泉，醒心骨。挥高论，谢俗物。思古人，旷终日。足饮酣，清思逸。即绝壁，试奇笔。千万年，苍藓没。后有人，为吾拂。

落款：宋庆历甲申岁秋七月辛卯朔，择之文、致尧笔、君章刻。

背景："宋篆"位于《东海县郁林观东岩壁纪》西斜对面一块巨石上，面北，共102字，分刻12行，每行7字，字径25厘米。此刻由祖无择撰文，苏唐卿篆书，王君章镌刻，集三人文、笔、刻之长，世称"三绝碑"。刻文属小篆体势，笔力苍劲，结构严谨，风格古朴。据《宋史》所记，祖无择为进士，累官知制诰，曾与王安石共事，其文享誉海内。苏唐卿是我国宋代成就很高的篆书家。《金石录》一书载："苏唐卿，欧公（欧阳修）故人也，佳章善篆"。二十世纪六十年代，北京中国书法研究社编印的《各种书体源流浅说》曾特别介绍苏唐卿的这块石刻。

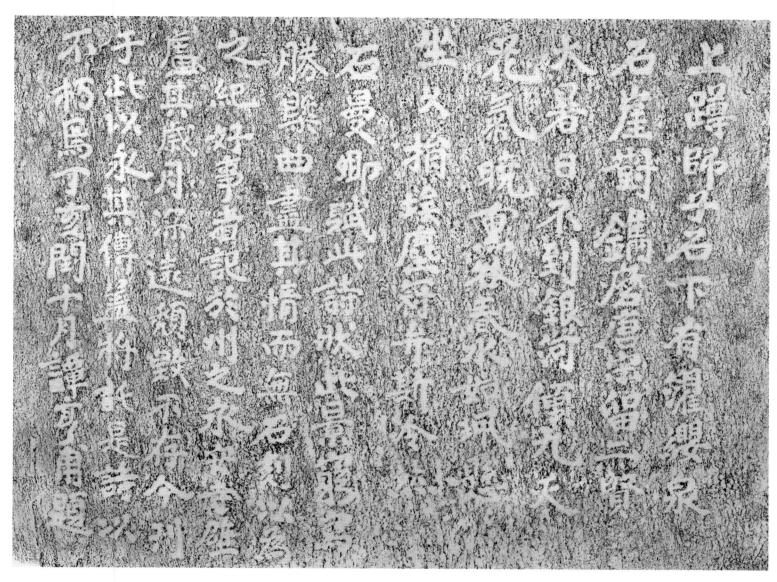

郁林观石刻群——谭亨甫题刻

尺寸：宽147厘米、高111厘米、字径18厘米

时代：北宋·大观元年（1107）

刻文：上蹲狮子石，下有濯缨泉。石崖对镌磨，唐宋留二贤。大暑日不到，银河倾九天。花气晓薰谷，春水如珮悬。坐久捐埃尘，冠弁斯泠然。石曼卿赋此诗，状此景，穷写胜概，曲尽其情，而无石刻以为之纪，好事者记于州之永安寺壁。虑其岁月深远，额废不存，今刊于此，以永其传，盖将托是诗以不朽焉。丁亥闰十月，谭亨甫题。

背景：石曼卿（994-1041），北宋文学家，名延年，字曼卿，一字安仁，别号葆老子。工诗词，善书法，著有《石曼卿诗集》传世。这首诗相传为宋代大诗人石曼卿游览郁林观的观感之作，原存海州永安寺壁间。谭亨甫恐日后遗失，遂题刻于此。丁亥即北宋大观元年，公元1107年。

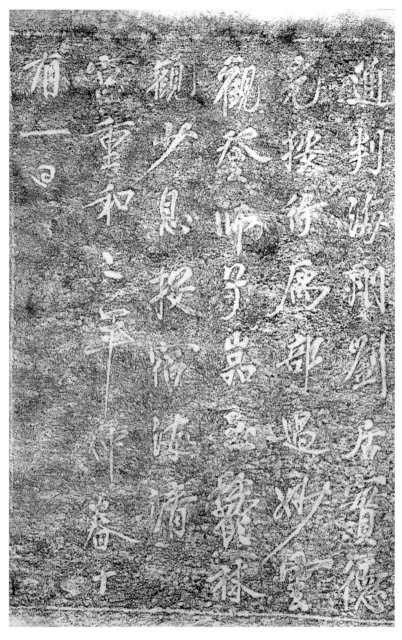

郁林观石刻群——刘居实题刻

尺寸：宽88厘米、高145厘米、字径25厘米

时代：北宋·重和二年（1119）

刻文：通判海州刘居实德充，案行属部，过妙云观，登狮子岩，
至郁林观少息，投宿海清宫。重和二年仲春十有一日。

背景：刘居实，字德充。北宋徽宗年间任海州通判。"重和"为
宋徽宗第五个年号，重和二年即公元1119年。

小村"万岁通天"题刻

尺寸：宽20厘米、高47厘米、字径4厘米

时代：武周·万岁通天元年（696）

刻文：万岁通天元年六月二日，清信佛弟子孙富乐开此寺
道通东□寺。

背景：题刻位于花果山街道小村禅兴寺遗址附近，经专
家鉴定，基本确定是唐朝武则天称帝期间的一块碑
刻，是连云港市迄今为止发现的最早的一块唐代碑
刻。全文共26字，其中有4字为武则天所造新字。万
岁通天元年即公元696年。此刻对研究初唐时期海州
地区的政治、宗教和文字演变有重要的历史和文化
价值。

龙洞摩崖石刻群——田升之题刻

尺寸：宽98厘米、高92厘米、字径10厘米

时代：北宋·大观四年（1110）

刻文：苏子骏、王舜文、王仲举、孙少魏同游。大观庚寅闰八月十二日，田升之书。

背景：大观庚寅即北宋大观四年（1110），孙少魏即孙宗鉴，以曾著《东皋杂录》知名。书者田
　　　升之，据《嘉庆海州直隶州志·职官表》载，为大观年间海州知州。

龙洞摩崖石刻群——田升之题刻

尺寸：宽98厘米、高97厘米、字径10厘米

时代：北宋·政和元年（1111）

刻文：路分王舜文、钤辖赵彦明、通判傅显道、县宰间丘君泽、教授李去泰、判官向持正、推官
　　　吕永甫同来。政和元年八月九日，郡守田升之题。

背景：书者田升之，据《嘉庆海州直隶州志·职官表》载，为大观年间海州知州。

龙洞摩崖石刻群——余授题刻

尺寸：宽70厘米、高83厘米、字径13厘米

时代：北宋·建中靖国元年（1101）

刻文：莆阳余授传师、长乐张劭深道，建中靖国元年十月八日同游。

背景：余授，字传师，宋代仙游人，熙宁六年进士。博学能文，多所著作，历官校书郎，出为京西
　　　提举。建中靖国元年（1101）时为海州知州。

　　　张劭（1048—1130），字深道，宋代长乐人，熙宁六年进士，大词人张元幹的伯父。仙游即今
　　　福建莆田市，历史上曾称为莆阳。

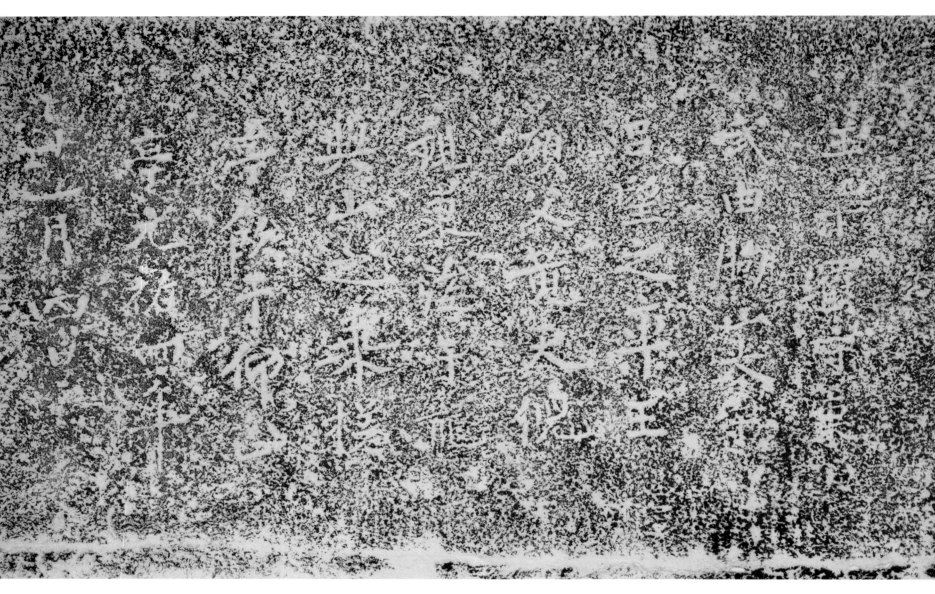

龙洞摩崖石刻群——吕望之题刻

尺寸：宽40厘米、高71厘米、字径4厘米

时代：北宋·元祐四年（1089）

刻文：王□□守东武，由朐山太守吕望之率王硕父、黄天倪观东海于龙兴山之乘槎亭，饮于仰止亭。元祐四年十二月四日。

背景：元祐为宋哲宗年号。龙兴山（即孔望山）乘槎亭，是当时的胜迹，建于孔望山顶，现已无存。熙宁七年（1074），苏东坡
　　　曾来此观光，并写下《次韵陈海州乘槎亭》一诗。

龙洞摩崖石刻群——曾孝蕴题刻

尺寸：宽65厘米、高30厘米、字径8厘米

时代：北宋·绍圣三年（1096）

刻文：曾孝蕴、蒋琢周、何田望，绍圣丙子正月来游。

背景：绍圣丙子为宋哲宗绍圣三年。曾孝蕴，字处善。福建晋江人，曾公亮从子。绍圣年间（1094-1098），提举两浙常平，改转
运判官，累迁起居舍人。崇宁年间（1102-1106），以事出知襄州，历江浙荆淮发运使、知杭州，其后坐累，连遭削黜，至
贬安远军节度副使。宣和二年（1120），起复天章阁待制，知歙州。方腊起义，移知青州，道改杭州。因收复杭城论功，
加龙图阁学士。卒年65岁。

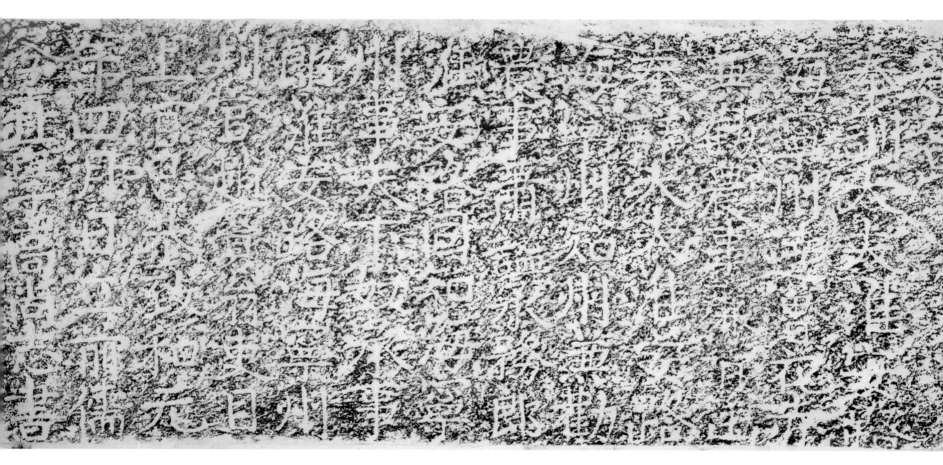

白虎山摩崖题刻——廉青山题刻

尺寸：宽174厘米、高84厘米、字径9×7厘米

时代：元·致和元年（1328）

刻文：题名。奉训大夫淮安路海宁州达鲁花赤兼劝农事廉青山、奉议大夫淮安路海宁州知州兼劝农事萧谥、承务郎淮安路同知海宁州事天下奴、承事郎淮安路海宁州判官赵箦翁、吏目上官思恭。致和元年四月日立，前儒学直学高尚志书。

背景：廉青山，元致和元年（1328）前后任淮安路海宁州（今海州）达鲁花赤兼劝农事，至正三年（1343）前后曾任集庆路总管府治中。传统观点认为廉青山是汉人。据最新研究，廉青山的族源来自西域畏吾尔廉希宪家族。廉希宪畏吾尔名叫布鲁海牙，其侄、侄孙，位居高官者遍布全国。廉青山当为廉希宪孙辈，并非出自汉族廉姓。

白虎山摩崖题刻——张叔夜登高碑

尺寸：宽216厘米、高156厘米、字径12×13厘米

时代：北宋·宣和二年（1120）

刻文：徽猷阁待制知州事张叔夜、淮东兵马都监刘绳孙、前兵马钤辖赵子庄、兵马钤辖赵令懋、前朐山令阎质、司刑曹王冶、怀仁主薄蒋全、权朐山尉王大猷，宣和庚子重阳日同登。□□□□□献书。

背景：张叔夜（1065~1127），字嵇仲，永丰（今江西广丰）人，张耆曾孙。以门荫调兰州录事参军，历知襄城、陈留二县，通判颍州，知舒、海、泰三州。大观二年进士，除库部员外郎、开封少尹，迁右司员外郎。张叔夜知海州是在宣和二年（1120）。当时宋江起义军纵横于山东，张叔夜招集将领于白虎山，或为部署军事力量，以对付宋江的起义军。次年（1121），宋江起义军由沭阳攻海州，为海州刺史张叔夜率众伏击，火烧其舟，擒其副将，宋江降。

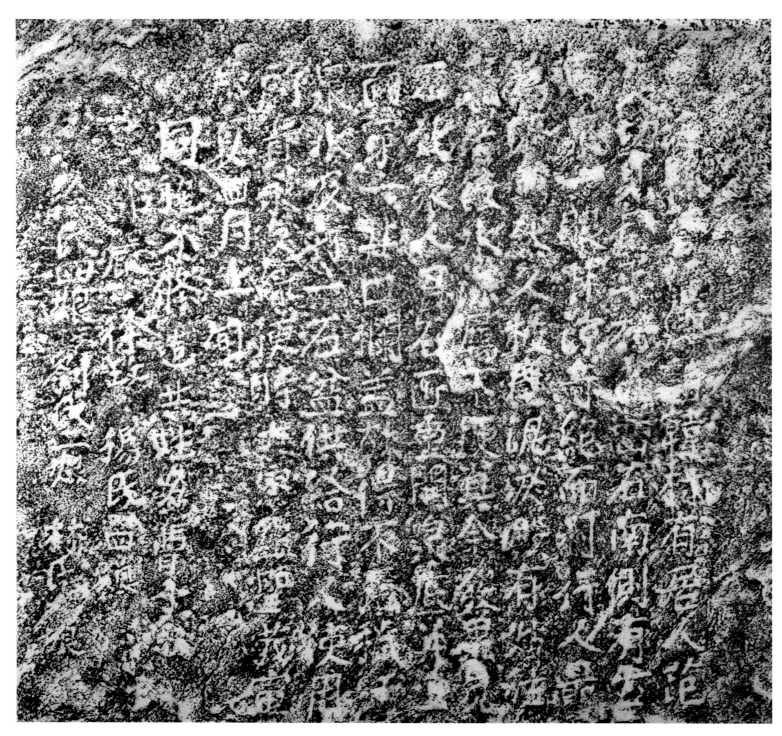

朝阳西山"古泉记"题刻

尺寸：宽93厘米、高90厘米、字径7×10厘米

时代：北宋·绍圣戊寅（1098）

刻文：东海县苍梧乡诸韩村有居人范长功，见巨平村西岩石南侧，有古石泉一眼，甘凉奇绝，而□行人最为□□。然久被尘泥淤灭，有妨往来者饮水，深属不便。□今发，果见，乃化众人，召石匠重开泉底，并上面穿一井口栏盖，□得不至秽污泉水，及打一石盆供给行人使用，所贵永久□便。时大宋绍圣茂（戊）寅岁夏四月上旬□。同施□修造共姓名：曹子□、□绍严、徐政、杨氏四娘、徐氏四娘、刘氏二娘、林氏□娘。

背景：题刻位于开发区朝阳街道西山北坡山脚处，刻于宋绍圣戊寅年（1098），楷书，共13行，每行13字，字径6厘米，全文共156字。反映了宋代乡村村民热心公益事业，乐善仁厚、民风淳朴的社会风貌。

"岩石堠"题刻

尺寸：宽26厘米、高92厘米、字径13×14厘米

时代：宋

刻文：岩石堠三十里。

背景：岩石堠题刻位于朝阳街道西山北坡，南与古泉记题刻相邻。1986年
     发现后，被定为宋代用于标记南城与北城（墟沟）之间距离的里程
     碑。所谓"堠"，即中国古代在驿道旁用土堆筑成的里程标记，称
     之为"里堠"。该题刻对研究连云港市道路交通史提供了珍贵的实
     物资料。

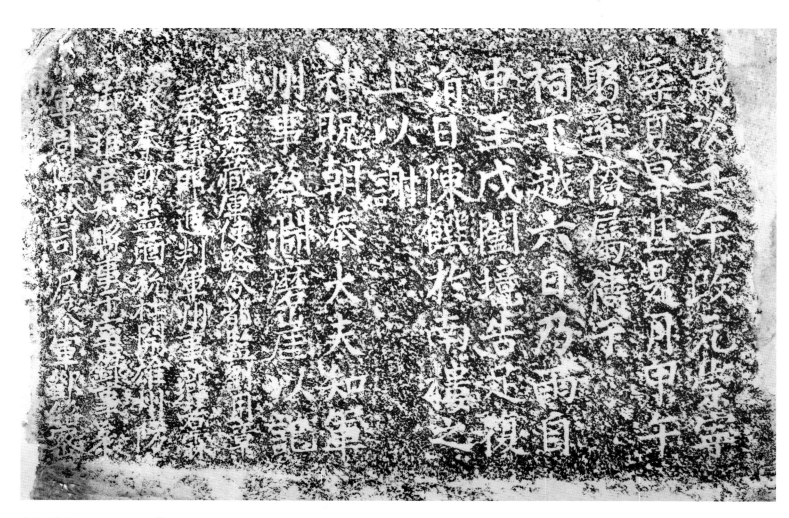

龙祠摩崖石刻群——蔡渊题刻

尺寸：宽108厘米、高68厘米、字径6×8厘米

时代：北宋·崇宁元年（1102）

刻文：正文：岁次壬午，改元崇宁。季夏，旱甚，是月甲午，躬率僚属祷于祠下，越六日乃雨，自申至戌阖境告足，复洎日，陈馔于南楼之上，以谢神贶。朝奉大夫、知军州事蔡渊磨崖以记。

落款：西京左藏库使路分都监刘用章、奉议郎通判军州事燕若霖、承奉郎监酒税杜开、雄州防御推官知县事于宰、录事参军周兴龄、司户参军邓绍密。

背景：锦屏山龙祠石刻群位于锦屏山马耳峰东侧，海拔429米，现存题刻7处。根据其碑文的记载来看，为宋金以来直到清代的一处官方祷雨场所。龙祠石刻群大都具有清晰的纪年，对古海州地区水文、地理、人文、民俗、古迹都有不同程度的反映，具有极高的历史价值和科学价值。

蔡渊（1033—1119），字子雍，丹阳人。在金陵拜王安石为师，听讲不倦，得兼通诸经，教授诸生，专以王氏之学。政事亦帷守元丰法度，始终不变。

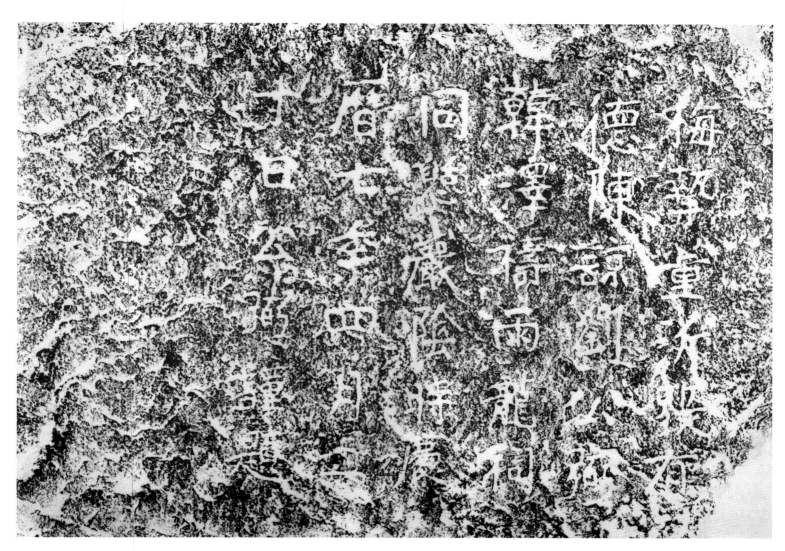

龙祠摩崖石刻群——刘公弼题刻

尺寸：宽82厘米、高58厘米、字径5×8厘米

时代：北宋·庆历七年（1047）

刻文：梅挚、董沂、张有德、陈谅、刘公弼、韩泽祷雨龙祠，同憩岩阴。时庆历七年四月二十日，公弼谨题。

背景：梅挚（994-1059），字公仪，北宋成都府新繁县人，宋仁宗天圣五年（1027）进士，历官大理评事，殿中侍御史，天章阁
　　　待制，龙图阁学士，谏议大夫；并先后出任蓝田上元知县，苏州通判，开封府判官，陕西都转运使，昭州、渭州、杭州知
　　　州、江宁府、河中府知府等地方官，卒于河中府任上。

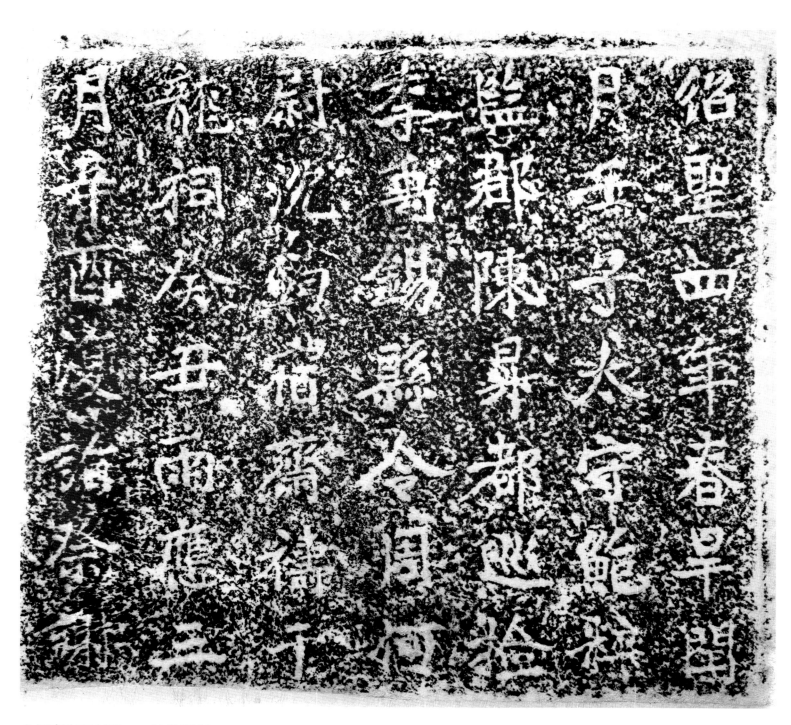

龙祠摩崖石刻群——鲍粹题刻

尺寸：宽73厘米、高68厘米、字径7×8厘米

时代：北宋·绍圣四年（1097）

刻文：绍圣四年春旱，闰月壬子，太守鲍粹、监郡陈升、都巡检李禹锡、县令周何、尉沈钧宿斋祷于龙祠。癸丑雨应。三月辛
　　　酉，复谕祭谢。

背景：鲍粹，宋代著名文学家，赵州（今河北赵县）人。绍圣四年时任海州太守。

龙祠摩崖石刻群——王信臣题刻

尺寸：宽100厘米、高75厘米、字径5×6厘米

时代：北宋·庆历六年（1046）

刻文：庆历丙戌岁甲午月壬辰日，知州王信臣、通判习约、监榷萧映、张子谅、驻泊訾文明、巡检曹元礼率涟水新守逢冲登朐岭，休□石庵之前，逮□□□□□渝。□□□□□题。

背景：王信臣，时为海州刺史，生平不详。

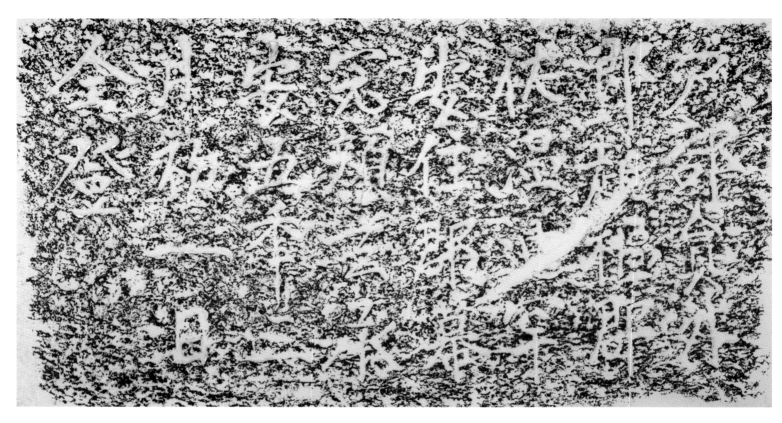

白虎山摩崖题刻——赵福题刻

尺寸：宽107厘米、高58厘米、字径13×14厘米

时代：金·承安五年（1200）

刻文：户部员外郎赵福、郡佐温迪罕安住、郡幕完颜玄。承安五年三月初一日全登。

背景：温迪罕、完颜，俱女真族姓氏。

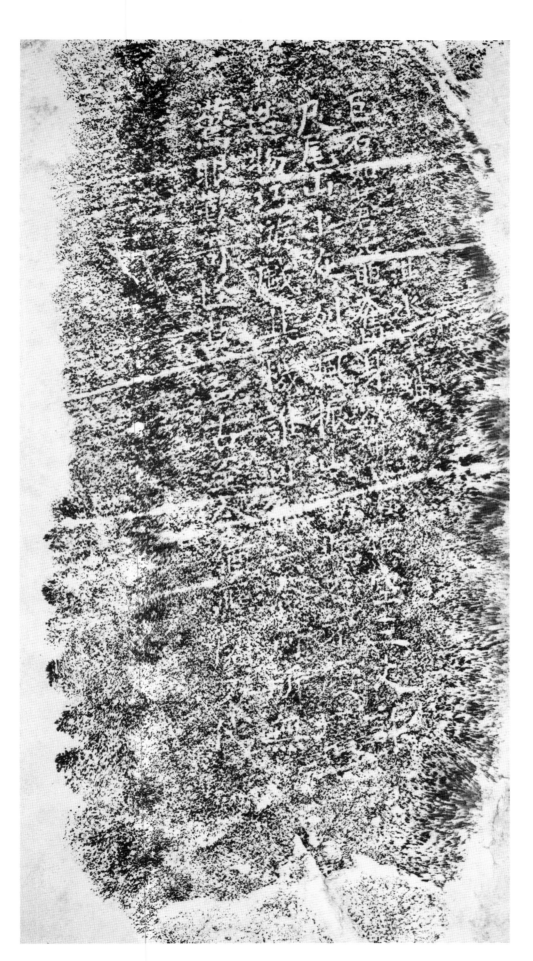

北固山灯盏石宋蟠题刻

尺寸：宽64厘米、高118厘米、字径5厘米

时代：金·大定年间

刻文：淇水宋蟠。巨石如苍鼋，奋身欲奔
　　　海。横空三丈许，尺尾山中在。烈
　　　风振山动，此石不倾坏。造物巧游
　　　戏，其机谁可解？六合何所无，惊
　　　眼叹奇怪。莫言古至今，犹应阅万
　　　代。

背景：宋蟠题刻位于灯盏石下北侧基岩立
　　　面上，石面光滑平整。宋蟠，金大
　　　定年间任东海县令。

刘志洲山船画石刻

尺寸：宽195厘米、高127厘米

时代：南宋

背景：刘志洲山位于锦屏镇岗嘴村和酒店村交界处，由岗嘴峰、平顶山、刘志洲山和哑巴山四座山头组成，总面积为25平方千米，刘志洲山为山体主峰，海拔105.9米。在元代以前，刘志洲山为海中半岛，周围可停泊船只。公元1161年前后，原岳飞部下李宝舟师配合义军魏胜，屯兵刘志洲山抵御金兵。期间双方发生多次交战，互有胜负，呈拉锯之势。在刘志洲山周边至今尚遗留有水寨、古炮台、石砌工事等遗址。该船画刻石位于刘志洲山东坡宽达8.5米的一面石壁上，船体为大型槽船，桅杆、军旗、瞭望台清晰可见，锚旁刻有游鱼，尾后拖拽一艘小海鳅型船，线条自然简拙。

刘志洲山"招信军"题刻

尺寸：宽47厘米、高82厘米、字径12×9厘米

时代：南宋·咸淳七年（1271）

刻文：招信前部安淮军刘□。咸淳七年二月日记。

背景：咸淳为宋度宗赵禥的年号，咸淳七年为1271年。该题刻为刘志洲山宋金交战战场遗址的一块石刻。据史料记载，招信军为古代行政区划。治所在今盱眙县东北。十国吴大和三年（931），吴国升盱眙县为招信军。后入南唐废。建炎三年（1129）六月，盱眙县复升为盱眙军，隶淮南东路，辖天长、招信两县。乾道（1165-1168）初，盱眙入于金，仍为盱眙军。绍定五年（1232），金将以盱眙降宋，宋改盱眙军为招信军，辖天长、招信两县，隶属于淮南东路。宋金交战时，招信军曾驻守海州地区，至今刘志洲山还遗有当年士兵留下的"招信军"、"苏总管"、"安淮军"、"金人"、"金国"及船画、人物等大量石刻。

朱麻村"招信军"石刻

尺寸：宽68厘米、高95厘米、字径7厘米

时代：南宋·宝祐二年（1254）

刻文：诸马庄青龙涧胡道□资福院师姑岩，招信军石匠宋兴因便到此。一行四人随喜。宝祐二年十二月日刊。

背景：该刻位于新浦区朱麻村西"三撑涧"北侧一陡坡岩体上。宝祐二年为1254年。宋末元初时，元兵进攻中原后进驻郁州，曾在此处驻军牧马，故名驻马山，后演变为"朱麻庄"。宋金交战时，招信军曾驻守海州地区，在今海州刘志洲山、孔望山、小哑巴山等多处留有题刻，是研究海州地区宋金之战不可多得的实物史料。

大伊山船画石刻

尺寸：宽110厘米、高95厘米

时代：宋代

背景：大伊山宋代船画岩画位于灌云县大伊山大龟腰山西坡海拔125米的一处裸露的岩石之上，船体由阴线条刻划，分多舱，上部船板双层重叠，船尾有呈三角形平衡舵，恰似宋代内河木船的特点。船体右上角刻一人物形象，面容栩栩如生。史料记载，宋代造船业非常发达，造船技术居世界前列。据《宋史》载：宋大宗至道年间（995-997），一年造船总数为3237艘。大伊山船画的发现，无疑为研究宋代造船业以及内河船舶的形制增添了新的资料。

南城东山"国开府"题刻

尺寸：宽129厘米、高69厘米、字径3×5厘米

时代：金·天兴二年（1233）

刻文：时岁次癸巳丙辰月初五日，因领大军收复东海，创立修筑城池，与郡王萧银青、国公刘荣禄同游至此，兖王国开府记。

背景：此刻位于新浦区南城镇东山山顶。据考证，该刻年代为金天兴二年（1233）三月，题刻内容反映了金朝灭亡前夕，南宋、金和蒙古之间在海州地区错综复杂的关系，填补了正史记载的不足，有着重要的历史价值。左刻为明代东海守备指挥周南等人题咏诗刻。内容为："一见古人字，即知古人心。今人留题古人意，古人未必不如今。"

明 清弥珍

　　连云港明清时期的石刻主要有郁林观石刻群、花果山前顶石刻群、花果山后顶石刻群、石棚山摩崖题名石刻群、龙洞摩崖石刻群、宿城仙人屋石刻群、白虎山摩崖题刻、南城西山摩崖题刻、南城东山摩崖题刻、伊芦山石刻群、树艺公司界碑、太白涧摩崖石刻、东磊延福观石刻群等。

　　郁林观石刻群中的"采山钓水，抹月批风"、"飞泉"是明嘉靖海州知州王同题刻，楷书，笔力雄健；黄道传题刻"垂虹溅雪，漱玉喷珠"，隶书，气势非凡。

　　花果山前顶石刻群主要位于照海亭附近，如"寿山福海"题刻、"同悟性天"题刻、"恩光普照"题刻、"须弥暎海"题刻、"海天一览"题刻、"涧水环流"题刻、"志大身闲"题刻、袖海苑陶澍题刻、"天然碑"题刻、师亮采题刻等。

　　花果山后顶石刻群共有"灵籁泉"石刻、"喷玉泉"石刻、"甘露水"石刻、"卓锡泉"石刻、"金佛禅寺"石刻、"移我情"石刻、"曾经沧海"石刻等。为明清时期，书法风格遒劲有力。

　　石棚山摩崖题名石刻群的明清时期石刻主要有"小九曲"、"石棚"、"石曼卿读书处"、"高行清风"等。

　　龙洞摩崖石刻群的明清时期题刻主要有廖世昭题刻、师亮采题刻、林廷玉"看龙洞偶成"题刻、杨昶题刻、王同"归云飞鸟"题刻、邵瑞辰"归云洞"题刻、"第七十一福地"题刻、"问官台"题刻、"吕星垣"题刻、"月来潮生"题刻等近20处，石刻群内容丰富，对古海州地区水文、地理、人文、民俗、古迹都有所反映。

　　据民国许绍蓬所著《连云一瞥》记载，树艺公司在其茶园开发范围内均立碑为界，共68块。自2011年起，经过文保志愿者数年的走访与寻找，共发现如海曙东山、胡真洞、羊鼻峰、龙松岭、峦石顶、马圈、十八盘等近20块各类茶圃界碑。

　　连云港明清时期石刻内容非常丰富，书体涵盖篆、隶、楷、行等，字体大小各异，为研究古海州地区水文、地理、人文、民俗、古迹等提供详实的实物资料。

花果山后顶石刻群——万萧斋题刻

尺寸：宽50厘米、高130厘米、字径40×38厘米、款径13×10厘米

时代：清·康熙年间

刻文：正文：移我情。

　　　落款：新郪万萧斋再题。

背景：万萧斋，满州镶白旗人，安徽太和县新郪（今名城坑子村）人。康熙
　　　三十二年（1693）任海州知州。后顶之"移我情"、"曾经沧海"，
　　　东磊"万壑朝宗"均为万萧斋所书。

花果山后顶石刻群——万萧斋题刻

尺寸：宽180厘米、高120厘米、字径30×50厘米

时代：清·康熙三十三年（1694）

刻文：上款：康熙甲戌仲夏十三日。

　　　正文：曾经沧海。

　　　下款：新郪万萧斋题。

背景：万萧斋，满州镶白旗人，康熙三十二年（1693）任海州知州。后顶之"移我情"、"曾经沧海"，东磊"万壑朝宗"均为
　　　万萧斋所书。新郪位于安徽太和县赵庙镇东北3公里处的城坑子村，当地人称前城孜。

郁林观石刻群——黄道传题刻

尺寸：宽190厘米、高92厘米、字径25×20厘米、款径11×9厘米

时代：清·宣统元年（1909）

刻文：上款：东岩观瀑布磨崖。

正文：垂虹溅雪，漱玉喷珠。

下款：宣统元年仲春下浣黄道传题并书，赵秉汉监刻。

背景：黄道传，字习斋，号薪田，自号守拙老人。历任海州直隶州教授、学正、东海县教育会长。著有《啸月山房文诗全集》，
流传于世。黄道传的书法绘画都很有名气，书法以隶书、楷书见长。

赵秉汉（1896-1943）字楚川，号峙斋，海州大村人。国学生。幼拜海州黄道传为师。饱读诗书，民国后曾任地方董事。

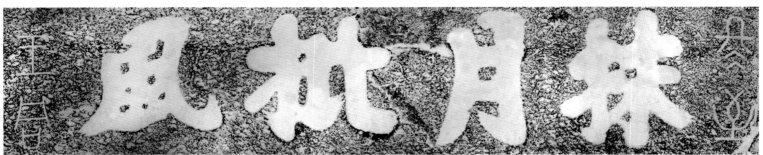

郁林观石刻群——王同题刻

尺寸：宽305厘米、高130厘米、字径64×61厘米、款径26×14厘米

时代：明·嘉靖二十三年（1544）

刻文：上款：甲辰冬至。

正文：采山钓水，抹月批风。

下款：中泉王同。

背景：王同，字一之，号中泉，河南郏县人。嘉靖二十三年（1544）任海州知州，嘉靖二十九年离任。在任期间"悉心经理，仁威并行。至减税粮、轻马价、并里甲、疏河赈济、葺学育才、兴废举坠，种种实政，暇时亲为篆书匾额碑记"，被海州百姓称之为"河南王父母"。

花果山前顶石刻群——宋治基题刻

尺寸：宽155厘米、高30厘米、字径30厘米

时代：清·光绪三十三年（1907）

刻文：上款：丁未夏日。

正文：寿山福海。

下款：吴县宋治基题。

背景：该题刻位于花果山海天洞南侧石壁上。宋治基，苏州在籍士绅，候补广东直隶州知州，曾参与淮北地区赈灾工作。光绪二十七年（1901）与海州人沈云沛等在海州云台山筹办云台树艺公司，任云台树艺公司总经理。

花果山前顶石刻群——"三种意界"题刻

尺寸：宽82厘米、高27厘米、字径20×14厘米

时代：不详

刻文：三种意界

背景：作者无考。

花果山前顶石刻群——秦镇熙题刻

尺寸：宽204厘米、高82厘米、字径30厘米

时代：清·光绪二十八年（1902）

刻文：上款：大清光绪二十八年四月初五日，予与心二马公约雨棠禅兄，同访悟五禅师于云台，导游此胜境，尘缘顿消，不可略
　　　而弗志。

　　　正文：同悟性天。

　　　下款：庚寅进士、御前侍卫、秦镇熙撰书。

背景：秦镇熙（1861—1921）沭阳秦圩人，清光绪六年（1881）殿试中举，钦赐三品侍卫，禁卫皇宫后宰门。光绪十二年
　　　（1887）辞官返乡。民国九年（1920）病卒。

花果山前顶石刻群——傅映楚题刻

尺寸：宽94厘米、高46厘米、字径14厘米

时代：清·光绪三十年（1904）

刻文：上款：光绪甲辰仲冬月。

正文：恩光普照。

下款：蓝翎五品衔国学生湖南平江县 信士傅映楚敬献。

背景：无考。

花果山前顶石刻群——秀峦题刻

尺寸：宽135厘米、高70厘米、字径20-25厘米

时代：清·光绪三十三年（1907）

刻文：上款：光绪丁未年。

正文：须弥暎海。

下款：净业比丘秀峦书。

背景：秀峦和尚，民国时期云台山大悲庵住持。

花果山前顶石刻群——段崇安题刻

尺寸：宽63厘米、高124厘米、字径11×12厘米、款径4×5厘米

时代：清·宣统二年（1910）

刻文：上款：宣统二年题照海亭。

正文：涧水环流，人堪涤虑。云山遥镇，海不扬波。

下款：钧石段崇安撰句。

背景：作者无考。

花果山前顶石刻群——段崇安题刻

尺寸：宽293厘米、高78厘米、字径52×54厘米、款径7×8厘米

时代：清·宣统二年（1910）

刻文：上款：宣统二年题海天洞。

正文：海天一览。

下款：段崇安书。

背景：作者无考。

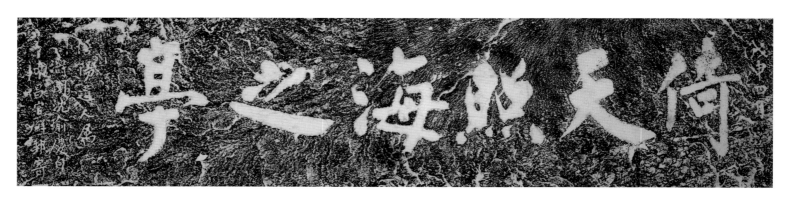

花果山前顶石刻群——沈瑜庆题刻

尺寸：宽211厘米、高50厘米、字径49×48厘米、款径3×4厘米

时代：清·光绪八年（1908）

刻文：上款：戊申四月。

正文：倚天照海之亭。

下款：悟阳道人嘱，涛园沈瑜庆自南昌官廨邮寄。

背景：此刻出自晚清江西巡抚沈瑜庆之手。沈瑜庆（1858-1918），字志雨，号涛园，福建侯官人，两江总督沈葆桢之子。光绪十一年（1885），中举人，会试落第，以恩荫签分刑部广西司行走。宣统元年（1909），起任云南布政使。宣统三年（1911），调河南布政使，未上任，升贵州巡抚。

花果山前顶石刻群——袖海苑陶澍题刻

尺寸：宽160厘米、高75厘米、字径6×6厘米

时代：清·道光十五年（1835）

刻文：道光十五年夏四月二十四日，太子少保兵部尚书总督两江使者长沙陶澍以阅伍至海州，重登云台山。同行者：刑部主事吴
县曹楙坚、前知海州韩城师亮采、前知江都县钱塘陈文述、太湖同知巢县刘大烈、淮北监制同知山阴陈在文、署海州知州
海康王梦龄、赣榆县知县乌程徐林春、无锡县知县松滋谢元淮、海州州同耒阳罗登瀛、海州州判合肥龚照琪、宝山县县丞
咸宁刘琅、代理海州州判海阳赵庄、海州参将翰海德本、东海营都司丹徒赵云炳及州人前知山东平阴县许乔林。

背景：陶澍，字云汀，湖南安化县小淹镇人，清代经世派主要代表人物。清嘉庆七年（1802）进士，改翰林院庶吉士。道光十
年（1830）升两江总督，兼管两淮盐政。任期内，力图整顿淮盐积弊，裁省浮费，严核库款，缉禁私盐，淮盐得以行销。
又于淮北试行票盐，后推及淮南。陶澍勇于任事，为朝野所重用。十二年（1832）与巡抚林则徐治江苏水患，修刘河、白
茆、练湖、孟渎等水利。十五年（1835）入觐，赐御书"印心石屋"匾额。官至宫保尚书、太子少保，十九年（1839）六
月卒，谥文毅。著有《印心石屋诗抄》、《蜀輶日记》、《靖节先生集》、《陶文毅公全集》等。

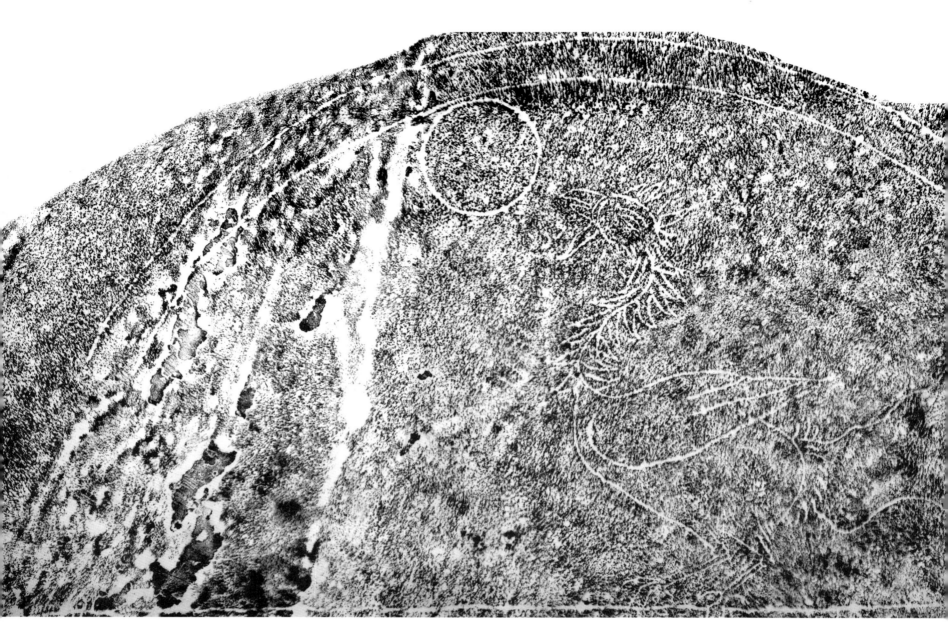

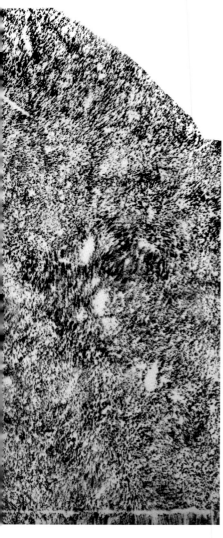

花果山前顶石刻群——"游青峰记"题刻

尺寸：宽230厘米、高327厘米、字径4厘米

时代：明·万历十三年（1585）

刻文：正文：游青峰记。环东海而山者以千数，而青峰为之宗。其高处鸡鸣可见日，是曰"青峰顶"。俗谓"清风"，误也。万历乙酉秋，余以言事谪其郡，望而奇之，与郡首张君允绅言，稍暇当一游。其冬十月四日，且往。比航海，风急，海仅七里许，自辰至午乃得渡过。南城郡诸生：武生师端、江生应鹏、应凤等与千夫长张君四箴，迎于道左，次其舍相见，礼毕。日晡至大村，夜宿于老君堂。堂祀老君，在青峰下十余里，其右有破寺，寺前有塔，起梁、宋年间，寺之前为郁林观，尼居之，有戒行。其傍涧水潺潺，多怪石，刻唐宋名贤诗文其上。适大村、新县、北城诸生徐生佩、宋生征、胡生来贡等及国子儒官十余人来谒，乃以次早持觞造焉。酒数巡，摩其文，歌其诗，想见当时之盛、游人之多，今不可复见也。命解隶书者悉抄录之。别诸生行，遂遵山麓而南，且下且上可七里，是为朝阳庵，庵以上不可舆，舍而步。东上可六里近顶，足可望日。有石屋，相传道人修炼处。时随行者游僧道瑛，而郡来馆人，则张君戒从者也。命馆人以酒进，酹酒向峰头祝，再酹望东海祝，三酹，然后酌之。道瑛问何为？余笑不应，坐石屋下，凡五酹起，北渐于顶上，是为青峰绝顶。既至，而徐生也至。顶有巨石，为小塔，塔累小石为之，其前可坐数人。徐生为余指某高公岛、某田横岛、某莺游山、某桅尖山，望海而北则登莱，齐鲁之墟，其海则所谓海市蓬莱，若隐若见者也。时天风起，不可久憩，命酒与徐生各三酹而返。从西下过钓鱼沟，则国子生儒官数人携酒榼来，相与席草坐，又各三酹。转而南达朝阳庵，时逾午矣。馆人列席具酒进，而诸生与道瑛侍焉。酒半酣，逸士徐君承武弛七十里，来自北城，则又具酒对而饮。徐君问曰："山名清风，何谓也？"余曰："非也，海上秋冬之候，草凋木落，独此庵居翠微间，延袤数里，皆修竹，四时长青。又顶上泉沃，处处皆湿履，草润如春夏。顶多巨石，产万年松，经霜愈秀，是谓青峰顶。为清风顶。盖自古记之俗名，误也。"曰："然！则何以言清风？"曰："近代庵有僧名'清风'者，殁，数传而俗人神之，遂冒以其号，此俗人之惑，非必异端，巧于窃名如此。"徐生喜顾诸生，起谢曰："今日青峰始得正名，生长兹乡，敢忘先生之赐！"又命酒，近夜分乃罢。明日，别徐君返，再宿老君堂。题其堂联句"倘遇东家传礼好，莫逢关令著书多"。有大村、隔村诸父老相继以筑堰告，许之。其晚，诸生又具酒，而道瑛再侍。诸生问余家二尊人寿，余顾道瑛曰："昨辰乃我初度，峰顶之祝，为家二尊人也。"道瑛具述云云，诸生则又引觞觞余，余为诸生饮，各满觞。明晨，诣大村堰所，率诸父老告神开堰，谕以次第事宜，其在隔村者令行如例。毕，返至南城。自青峰顶下至南城，所会诸生凡三十余人，各课其文，为之讲解其义，已，然后返。既返至郡，报张君具述如右，张君曰："不可无记也。"会贡士顾生乾至，书以畀之，刻于朝阳庵左石，澄海唐伯元记。

落款：海州举人：徐承武、贡生顾乾、国子生王宪、儒官赵文相、奉祀于怀德、李晓、江应鹏、李梓、张四方、郑栋、李日融、杨维讷、顾瑞、顾珍；郡诸生：徐佩、武尚徇、徐秀、金应奎、顾坦、武尚俭、卢正教、宋征、潘尚志、顾坤、张四教、朱瑶、江奋庸、金应化、顾眼、卢桂、武师端、徐遂、江应凤、顾桥、江士嘉、胡来贡、武炫、钱湖、赵明，住持僧人德连。

背景：《游青峰记》碑刻是明代海州判官唐伯元登云台山的一篇游记，因为位于风景如画的花果山中，篆刻于三元宫东面上坡的一块天然崖石上，人称"天然碑"，是云台山中最大的一块古代摩崖石刻。四百多年来，一直是历代墨客骚人研究海州地区不可多得的文献资料，具有重要的历史价值。作者唐伯元，字仁卿，号曙台，广东澄海县苏湾都仙门里（今属溪南镇人）。生于明嘉靖十九年（1540），卒于万历二十五年（1597）。万历甲戌（1574）进士，官至户部郎中，明万历年间任海州通判。

花果山后顶石刻群——汪心渊题刻

尺寸：宽107厘米、高51厘米、字径26×27厘米、款径5×7厘米

时代：明·天启

刻文：正文：卓锡泉。

落款：淮安府知府信州汪心渊题。

背景：汪心渊，字如愚，信州戈阳人。明天启年间任淮安知府。

花果山后顶石刻群——郁鼎祚题刻

尺寸：宽63厘米、高24厘米、字径16×18厘米、款径4×3厘米

时代：不详

刻文：正文：天锡泉。

落款：古郯郁鼎祚。

背景：作者无考。

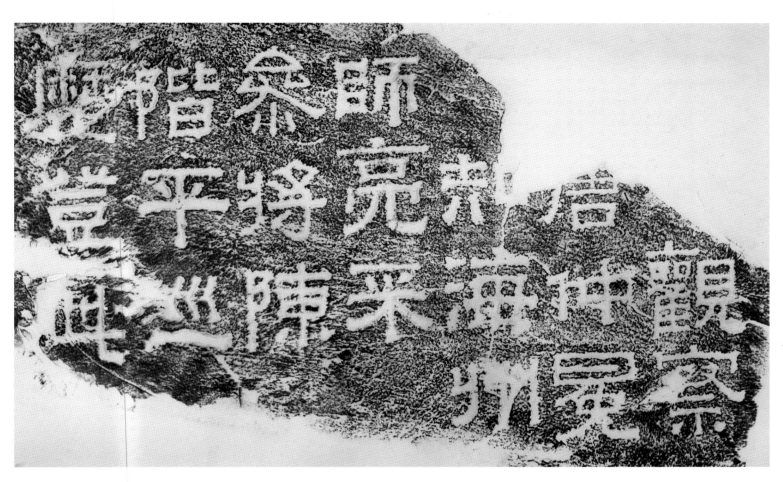

花果山前顶石刻群——"观察唐仲冕"题刻

尺寸：宽105厘米、高55厘米、字径12×11厘米

时代：清·嘉庆

刻文：观察唐仲冕、知海州师亮采、参将陈阶平巡历登此。

背景：该石刻位于花果山屏竹禅院前左侧岩壁上。

唐仲冕（1753-1827）字云积，号陶山居士，世称唐陶山。乾隆五十八年进士，历官江苏荆溪等县令、海州知州。

师亮采，原名师兆龙，字承祖、芷塘，号禹门，陕西韩城人。嘉庆、道光年间任海州直隶州知州。

陈阶平（1766-1844），名安魁，号雨峰，字阶平，安徽泗州（今泗县）人。道光七年（1827）署湖南提督，道光十三年（1833）擢广西提督，道光十八年（1838）调任江南提督。陈阶平在嘉庆年间曾任海州参将。

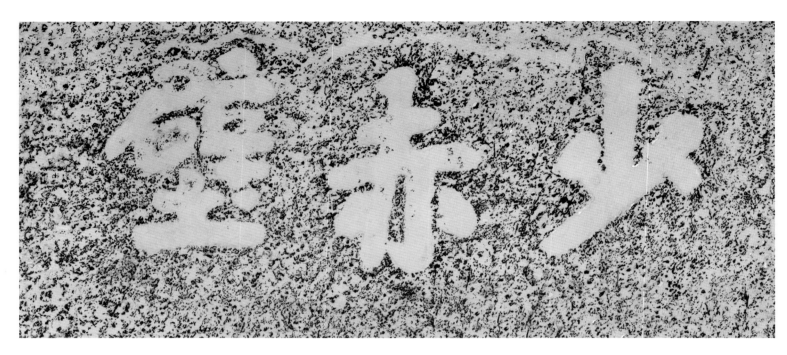

石棚山摩崖题名石刻群——黄瑞石题刻

尺寸：宽136厘米、高57厘米、字径31×38厘米、款径7×6.5厘米

时代：不详

刻文：正文：少赤壁。

落款：□□黄瑞石□。

背景：作者无考

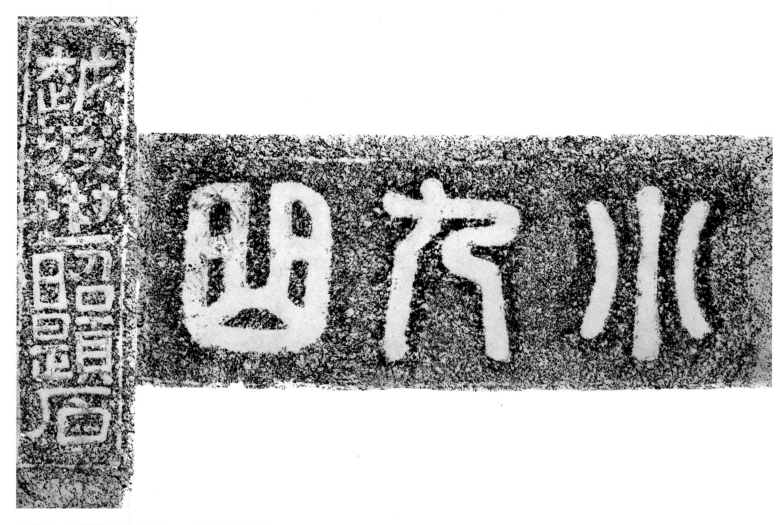

石棚山摩崖题名石刻群——廖世昭题刻

尺寸：宽139厘米、高93厘米、字径33×28厘米、款径16×13厘米

时代：明·嘉靖

刻文：正文：小九曲。

落款：越坡世昭题石。

背景：廖世昭，福建怀安人，正德进士，嘉靖元年任海州知州，创修《海州志》。《明史》录廖世昭《明一统赋》三卷。

石棚山摩崖题名石刻群
——"石曼卿读书处"题刻

尺寸：宽355厘米、高95厘米、字径75×58厘米

时代：不详

刻文：石曼卿读书处。

背景：《嘉庆海州直隶州志·金石》载，相传廖世昭所刻。

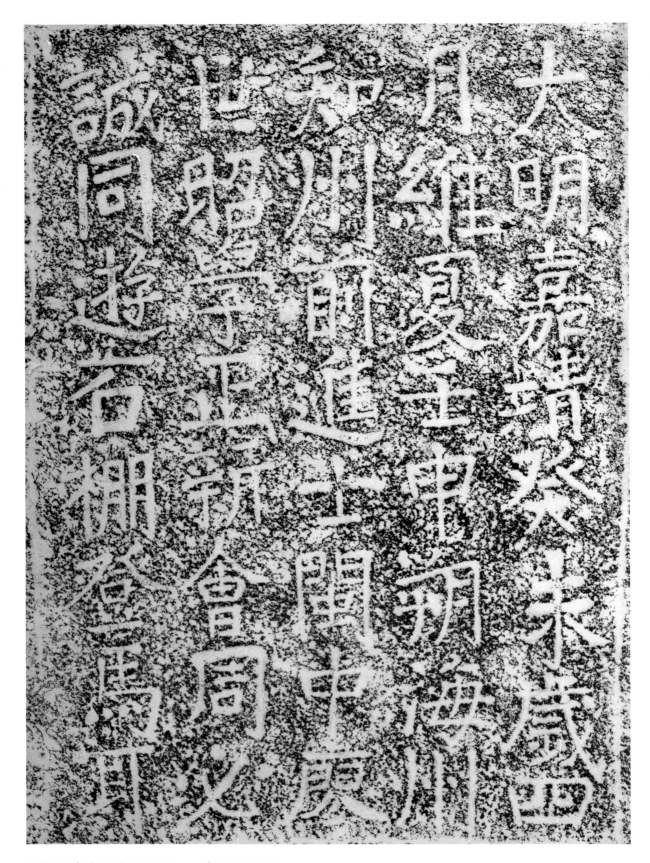

石棚山摩崖题名石刻群——廖世昭题刻

尺寸：宽81厘米、高114厘米、字径13×15厘米

时代：明·嘉靖二年（1523）

刻文：大明嘉靖癸未岁四月维夏壬申朔，海州知州前进士闽中廖世昭、学正新会周必诚，同游石棚登
马耳。

背景：廖世昭，福建怀安人，正德进士，嘉靖元年任海州知州，创修《海州志》。《明史》录廖世昭
《明一统赋》三卷。

石棚山摩崖题名石刻群——王同题刻

尺寸：宽411厘米、高111厘米、字径98×72厘米、款径15×19厘米

时代：明·嘉靖（1544—1549）

刻文：上款：中泉王同为。

正文：高行清风。

下款：石公曼卿书。

背景：王同，字一之，号中泉，河南郏县人。嘉靖二十三年（1544）任海州知州，嘉靖二十九年离任。在任期间，"悉心经理，仁威并行。至减税粮、轻马价、并里甲、疏河赈济、葺学育才、兴废举坠，种种实政，暇时亲为篆书匾额碑记"。被海州百姓称之为"河南王父母"。

龙洞摩崖石刻群——师亮采题刻

尺寸：宽186厘米、高87厘米、字径12×10厘米

时代：清·嘉庆二十一年（1816）

刻文：嘉庆廿一年八月四日，朝议大夫、知海州事韩城师亮采致祭龙神庙，过此与僚佐同登，爰纪岁月。

背景：师亮采，原名师兆龙，字承祖，芷塘，号禹门，乾隆三十三年（1768）生于陕西韩城（今陕西省渭南市韩城县西庄镇井溢村）。嘉庆九年，师亮采调任江阴县知县，兼署海州直隶州知州。

龙洞摩崖石刻群——廖世昭题刻

尺寸：宽66厘米、高70厘米、字径11厘米

时代：明·嘉靖二年（1523）

刻文：明嘉靖二年夏四月，越坡廖世昭、崖山周必诚同游。

背景：廖世昭，福建怀安人，正德进士，嘉靖元年任海州知州，创修《海州志》。《明史》录
　　　廖世昭《明一统赋》三卷。

龙洞摩崖石刻群——林廷玉题刻

尺寸：宽186厘米、高84厘米、字径10厘米

时代：明·弘治十二年（1499）

刻文：看龙洞偶成：幻化成溟濛，丹崖一洞空。地灵呼即应，应是讶相逢。弘治十二年，余以工科都给事中言□□□□□□事谪判海州，重九日游此。闽人林廷玉谨识。

背景：林廷玉（1454—1532）字粹夫，号南涧翁、烟霞病叟，福建侯官（今福州）人。成化二十年（1484）进士。弘治十二年（1499），因涉唐寅考场舞弊案，被贬海州判官。根据碑文记载，该题刻为公元1499年林廷玉游孔望山龙洞登高赏时所写，而跋文中"言□□□□□□事"被铲掉的七个字，原因众说纷纭。

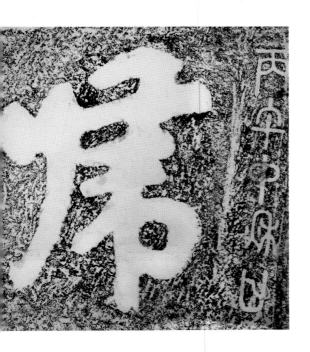

龙洞摩崖石刻群——王同题刻

尺寸：宽410厘米、高110厘米、字径70厘米

时代：明·嘉靖二十五年（1546）

刻文：上款：丙午中秋日。

正文：归云飞鸟。

下款：中泉王同书。

背景：王同，字一之，号中泉，河南郏县人。嘉靖二十三年（1544）任海州知州，嘉靖二十九年离任。在任期间"悉心经理，仁戚并行。至减税粮、轻马价、并里甲、疏河赈济、葺学育才、兴废举坠，种种实政，暇时亲为篆书匾额碑记。"被海州百姓称之为"河南王父母"。

龙洞摩崖石刻群——杨昶题刻

尺寸：宽60厘米、高88厘米、字径7×5厘米

时代：明·成化六年（1470）

刻文：大明成化六年庚寅五月二十九日，淮安府知府杨昶、海州知州陶昺、同知唐震、判官施纶、戴璿、儒学学正母诚、训导周烨、赵谏，公暇同览于此。

背景：杨昶，仁和人，天顺间任淮安知府，有德政。

陶昺，字文熙，江西南城人，由举人成化五年知海州事，有守有为，众务具举。秩满，民立去思碑。

龙洞摩崖石刻群——邵瑞辰题刻

尺寸：宽290厘米、高110厘米、字径34×37厘米

时代：明·万历十年（1582）

刻文：上款：万历壬午秋柒月吉。

　　　正文：归云洞。

　　　下款：余姚仰皋邵瑞辰书。

背景：邵瑞辰，明浙江余姚人，监生，嘉靖中曾任顺天霸州州判。

龙洞摩崖石刻群——"问官台"题刻

尺寸：宽178厘米、高90厘米、字径48×60厘米

时代：不详

刻文：问官台。

背景：鲁昭公十七年（公元前525）秋，孔子曾"问官于郯"，此处石刻来自于此典，此刻位于明代淮安知府陈文烛《孔望山铭》
　　　右侧，据传亦为陈文烛所书。惜乎《孔望山铭》已磨灭不清，卒难辩识。明代海州刺史张峰在考证孔望山的由来时说：
　　　"孔子问官于郯子，曾经登山望海，世传其崇山峻岭为孔望山。"

龙洞摩崖石刻群——"孔望山"题名题刻

尺寸：宽72厘米、高163厘米、字径53×47厘米

时代：不详

刻文：孔望山。

背景：《嘉庆海州直隶州志》载，据传为明代淮安知府陈文烛所书。

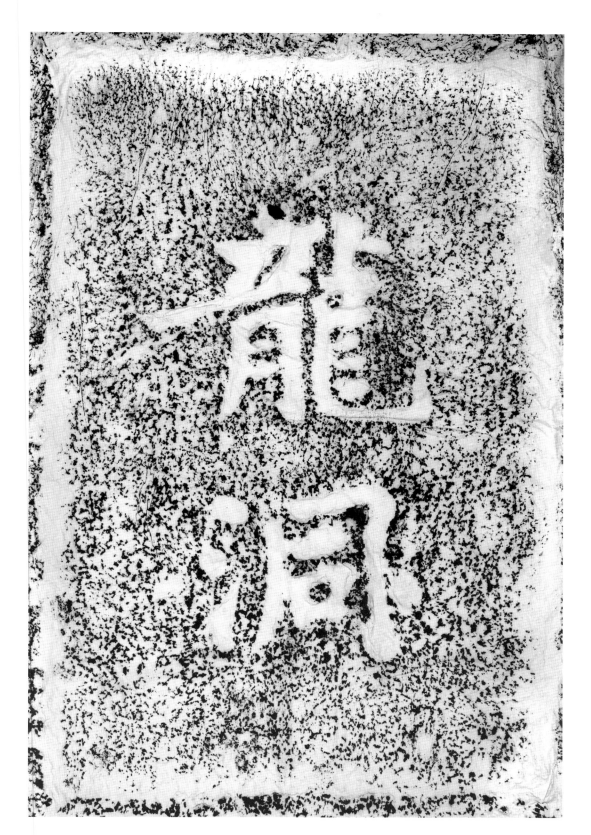

龙洞摩崖石刻群——"龙洞"题刻

尺寸：宽33厘米、高60厘米、字径16×14厘米

时代：不详

刻文：龙洞。

背景：作者无考。

龙洞摩崖石刻群——"吕星垣"题刻

尺寸：宽73厘米、高43厘米、字径15×13厘米

时代：清·嘉庆二十一年（1816）

刻文：吕星垣、王良士、许乔林、包世臣、钱泳来。

背景：吕星垣，字叔讷，小字兰荪，江苏武进人，毗陵七子之一。历官江苏训导、海州学正，赞皇、邯郸、河间等地知县。嘉庆
　　　十五年（1810）至二十一年（1816）任海州学正。

　　　王良士，王昙（1760-1817）清代诗人。又名良士，字仲瞿，号瓶山。秀水（今浙江嘉兴）人。乾隆五十九年举人。会试不
　　　第，白衣终身，着有《烟霞万古楼文集》等。

　　　许乔林（1775-1852），字贞仲，号石华，祖籍安徽，生于四川。清乾隆四十一年随母居板浦。与其胞弟许桂林被时人誉为
　　　"东海二宝"、"板浦才子二许"。嘉庆十二年中举，曾任郁洲书院山长，山东平阴县知县。著有《球阳琐语》、《弇榆
　　　山房诗略》、《弇榆山房笔谈》等。

　　　包世臣（1775-1855），字慎伯，晚号倦翁、小倦游阁外史，安徽泾县人。嘉庆二十年举人，官至江西新渝知县。常年旅居
　　　海州。

　　　钱泳（1759-1844），原名钱鹤，字立群，号台仙，一号梅溪，清代江苏金匮人。著有《履园丛话》、《履园谭诗》、
　　　《兰林集》、《梅溪诗钞》等。辑有《艺能考》。时为海州知州师亮采幕僚。

龙洞摩崖石刻群——释浩然题刻

尺寸：宽187厘米、高42厘米、字径19×18厘米

时代：清代

刻文：上款：中元甲子。

正文：第七十一福地。

下款：释氏浩然书。

背景：位于"龙洞"东侧。题记者僧人浩然即雪峰，清僧，有《雪峰诗稿》。题记中的"中元日"即农历七月十五日，是佛教的
　　　"盂兰节"。

龙洞摩崖石刻群——"月来潮生"题刻

尺寸：宽200厘米、高40厘米、字径45×43厘米

时代：不详

刻文：月来潮生。

背景：作者无考。

龙洞摩崖石刻群——王同题刻

尺寸：宽225厘米、高145厘米、字径25×23厘米

时代：明·嘉靖二十四年（1545）

刻文：龙洞良宵月照，黄花满地秋香。此时此会
　　　文彦，一觞一咏情长。矗矗山岩曲抱，潺
　　　潺胸海东流。明朝分袂城市，琴樽回忆绸
　　　缪。嘉靖乙巳重阳海州知州中泉王同题。

背景：王同，字一之，号中泉，河南郏县人。
　　　著有《谦忍图说》、《永感类集》、《义
　　　方堂集》、《乐归园集》等。嘉靖二十三
　　　年（1544）任海州知州，嘉靖二十九年离
　　　任。在任期间，"悉心经理，仁威并行。
　　　至减税粮、轻马价、并里甲、疏河赈济、
　　　葺学育才、兴废举坠，种种实政，暇时亲
　　　为篆书匾额碑记。"被海州百姓称之为
　　　"河南王父母"。

石棚山摩崖题名石刻群——"万花岩"题刻

尺寸：宽205厘米、高69厘米、字径54×66厘米

时代：不详

刻文：万花岩。

背景：《嘉庆海州直隶州志·金石》载，相传为廖世昭所刻。万花岩在明代即为海州著名景点，昔时曾有三宫殿。明唐伯元著有《万花岩三宫殿碑记》。

龙洞摩崖石刻群——"石峡"题刻

尺寸：宽132厘米、高85厘米、字径58×70厘米
时代：不详
刻文：石峡。
背景：作者无考。

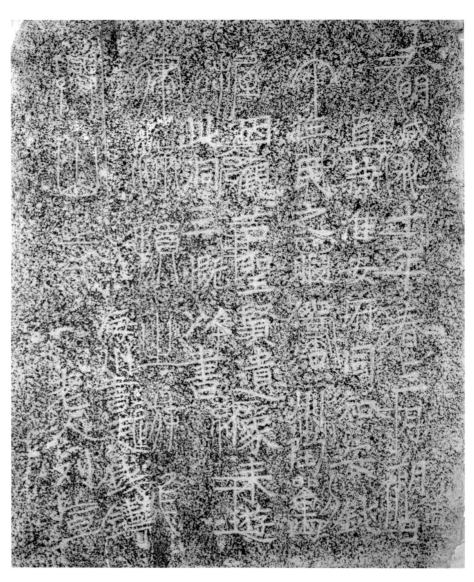

龙洞摩崖石刻群——王永和题刻

尺寸：宽40厘米、高85厘米、字径5×4厘米

时代：明·正统九年（1444）

刻文：大明正统九年甲子端阳日，钦差工部侍
郎昆山王永和用节游览于此。

背景：正统为明英宗年号。王永和，字以正，
昆山人。官至工部右侍郎，后殁于土木堡
之变。

龙洞摩崖石刻群——安钝题刻

尺寸：宽60厘米、高70厘米、字径10×8厘米

时代：明·成化十年（1474）

刻文：正文：大明成化十年春三月朔日，直隶淮安府同知安钝抚民之暇，偕知
州陶篇，因观古圣贤遗像，来游此洞，三慨之书。

落款：海州书隶钱铸，老人刘宣。

背景：明《隆庆海州志》载：陶篇：江西南城人，由举人成化五年知海州事，
有守有为，众务具举。秩满，民立去思碑。"古圣贤遗像"当指孔望山
摩崖造像。此为套碑，前刻为宋元符三年（1100）题刻。

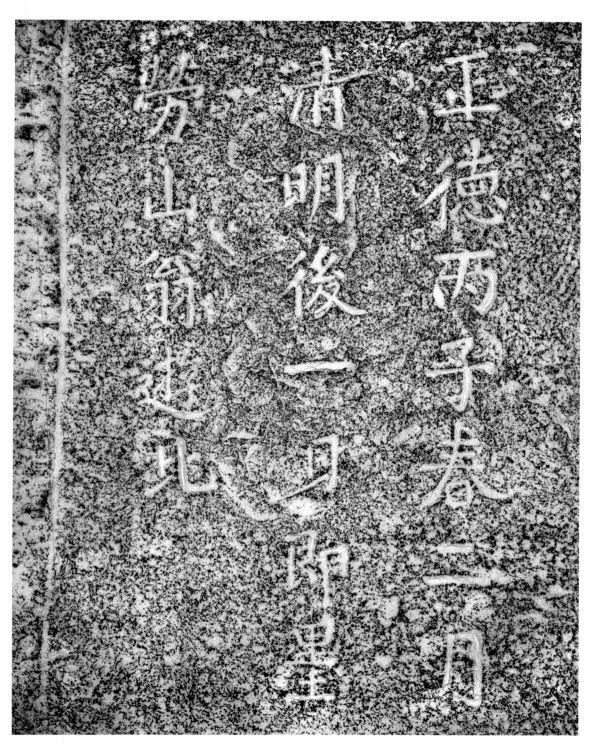

龙洞摩崖石刻群——劳山翁题刻

尺寸：宽63厘米、高91厘米、字径9×9厘米

时代：明·正德十一年（1516）

刻文：正德丙子春二月清明后一日，即墨劳山翁游此。

背景：劳山翁即蓝章，字文绣，即墨人，成化进士，正德初任都察院左都御史，以不附刘瑾知名。

宿城仙人屋石刻群——陶澍题刻

尺寸：宽272厘米、高66厘米、字径83×55厘米、款径15×13厘米

时代：清·道光十五年（1835）

刻文：上款：道光乙未。

正文：仙人屋。

下款：陶澍题。

背景：陶澍，字云汀，湖南安化县小淹镇人，清代经世派主要代表人物。清嘉庆七年（1802）进士，改翰林院庶吉士；十年（1805）散官，授职编修；后迁御史、给事中。道光十年（1830）升两江总督，兼管两淮盐政。任期内，力图整顿淮盐积弊，裁省浮费，严核库款，缉禁私盐，淮盐得以行销。又于淮北试行票盐，后推及淮南。陶澍勇于任事、为朝野所重用。十二年（1832）与巡抚林则徐治江苏水患，修刘河、白茆、练湖、孟渎等水利。十五年（1835）入觐，赐御书"印心石屋"匾额。官至宫保尚书、太子少保，道光十九年（1839）六月卒，谥文毅。著有《印心石屋诗钞》、《蜀輶日记》、《靖节先生集》、《陶文毅公全集》等。

宿城仙人屋石刻群——通裕题刻

尺寸：宽180厘米、高45厘米、字径40×25厘米

时代：清·道光十五年（1835）

刻文：上款：道光乙未。

正文：半半居。

下款：方丈通裕题。

背景：位于宿城万寿山半腰有一个自然崖石巧相勾连的岩洞，名叫瓢崖，清两江总督陶澍改名为"仙人屋"，又名"半半居"。该题刻为道光乙未年法起寺住持僧通裕镌刻。

宿城仙人屋石刻群——陶澍题刻

尺寸：宽322厘米、高92厘米、字径78×97厘米、款径7×7厘米

时代：清·道光十五年（1835）

刻文：正文：金刚石。

落款：陶澍题。

背景：宿城万寿山飘崖洞下方有一石，陶文毅公命其名曰"金刚石"，并刻于其上。

白虎山摩崖题刻——师亮采题刻

尺寸：宽80厘米、高60厘米、字径10×14厘米

时代：清·嘉庆二十一年（1816）

刻文：知海州事师亮采，以嘉庆丙子八月朔，来谒岳庙题记。

背景：师亮采，原名师兆龙，字承祖、芷塘，号禹门，陕西韩城人。嘉庆九年，师亮采调任江阴县任知县，兼任署海州直隶州知州。

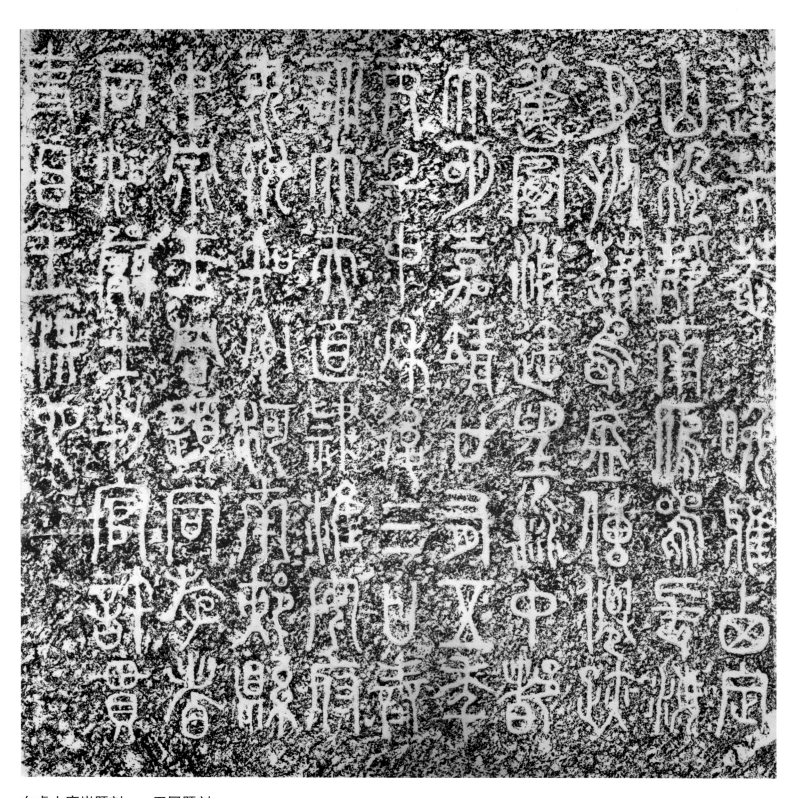

白虎山摩崖题刻——王同题刻

尺寸：宽185厘米、高200厘米、字径15×20厘米

时代：明·嘉靖二十五年（1546）

刻文：蓬莱庵。晚鸦栖定山枫静，南雁鸣长海月孤；蓬岛盛传仙迹旧，烟波遥望森中都。大明嘉靖廿有五年丙午中秋后三日，奉训大夫、直隶淮安府海州知州、河南郏县中泉王同题。同游者：同知严士、判官许贯、吏目王淇也。

背景：海州白虎山南原有蓬莱庵，元至德九年，道人骆道空所建，后毁。洪武十九年，知州何子远重建，复毁。永乐元年重建。此为海州知州王同携僚属至蓬莱庵谒庙，勒石为记。

大雾崖张才甫七绝诗刻

尺寸：宽136厘米、高183厘米、字径8×14厘米

时代：清·同治元年（1862）

刻文：咏云台山大雾崖石城七绝四首：峰峦四面不开门，鸡犬桑麻酒一樽；此地避秦人不少，烟村仿佛
　　　小桃源。岩岩鸟道望分明，三面悬崖一面平；何必烟峦思白下，此间也算石头城。避兵何处走天
　　　涯，为访岩阿好住家；幸有山城人不识，尘寰隔断古烟霞。云岗垒垒石城连，路转峰回别有天；
　　　访得幽人栖隐处，也如世外觅神仙。大清同治元年二月，新县邮才甫张兼三题。

背景：咸丰十一年（1861）五月，为避捻军兵锋，家住新县的候补同知张鉴堂为保家财安全，在新县南
　　　山大雾崖下，出巨资修筑石城，以御捻军，当地人称之为"雾崖石城"。张鉴堂孙张学翰，字百
　　　川，生来喜好山水，结庐居之，并作《雾崖石城记》一篇，708字，刻于石城内的一块巨石上。
　　　除此之外，还有三处石刻，分别为张百川堂伯张兼三的《清明偕秦干堂游大雾崖》、张百川父张
　　　才甫的《咏云台大雾崖石城》、张百川表兄王儒纲诗刻，皆当时海州诗坛之名者，风格各异，是
　　　研究捻军运动的一份珍贵史料。

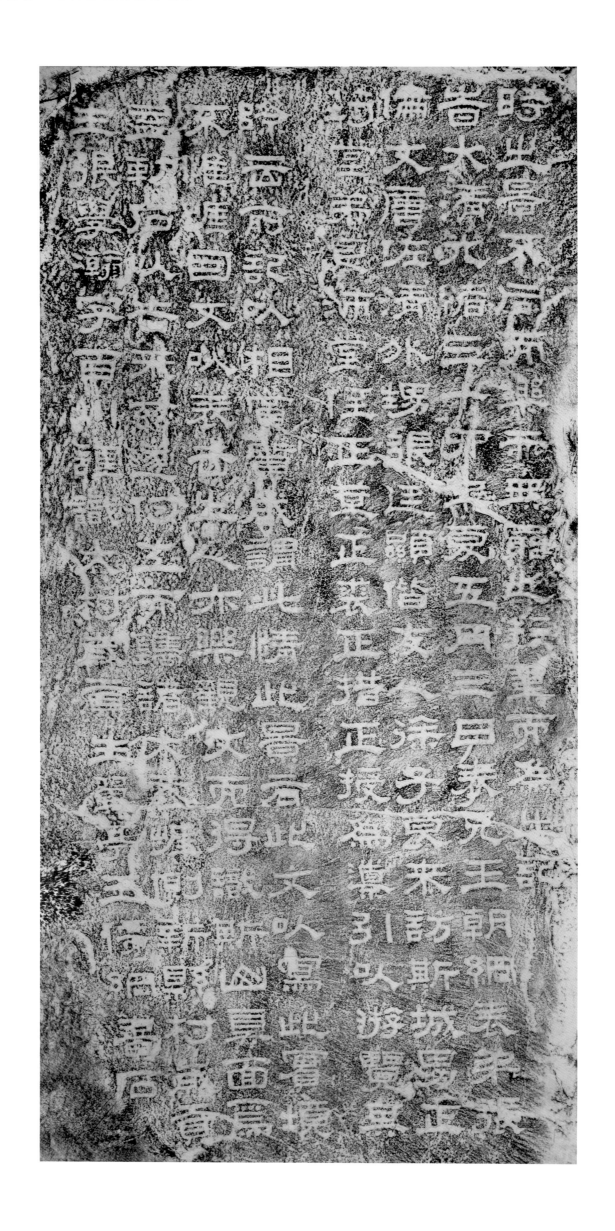

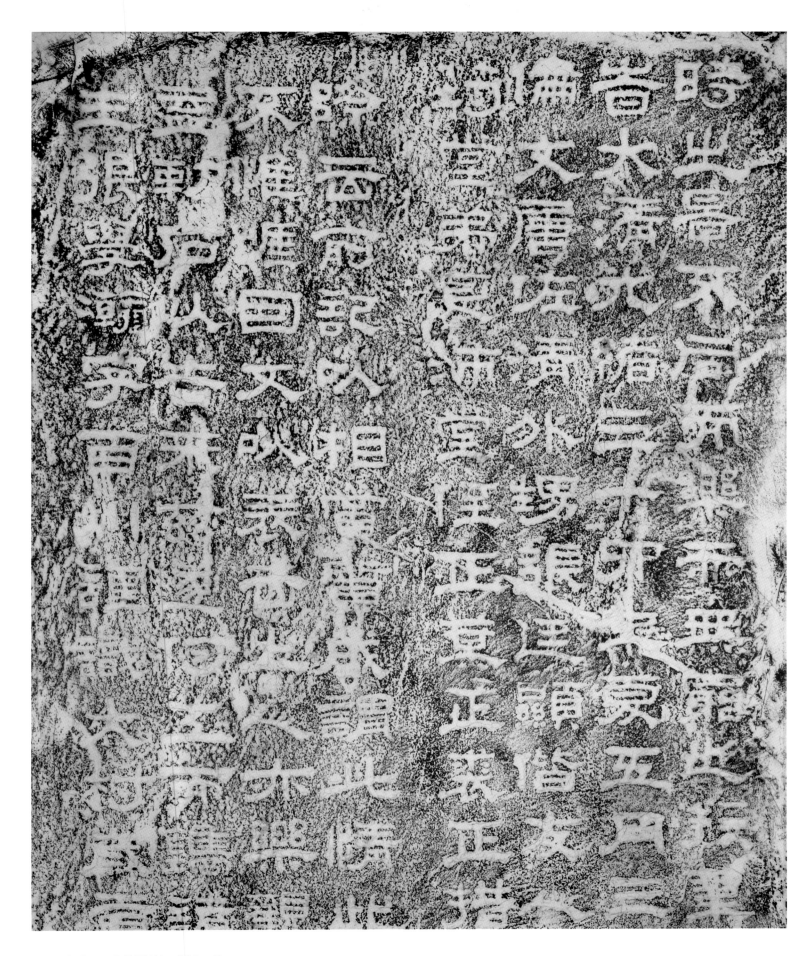

大雾崖张百川游雾崖石城记碣

尺寸：宽80厘米、高185厘米、字径8×8厘米

时代：清·光绪三十四年（1908）

刻文：时之景不同，而乐亦无穷也，援笔而为之记。时大清光绪三十四年夏五月三日，表兄王朝纲、表弟张伦文、唐佐清、外甥
　　　张廷显、偕友人徐子良来访斯城。男正筠、堂弟恩沛、堂侄正箕、正裘、正措、正授为导，引以游览，其际，出前记以相
　　　赏质，咸谓此景此情有此文以写此实境。不惟崖因文以表出之，人亦乐观文而得识斯山真面。为盍勒石，以告来兹。遂付
　　　工而镌诸大雾崖侧。新县岁贡生张学瀚字百川谨识，大村岁贡生翼亭王儒纲书石。

背景：此刻位于张才甫《咏云台山大雾崖石城》西侧。

南城西山摩崖题刻——钱泳题刻

尺寸：宽80厘米、高102厘米、字径50×48厘米

时代：清·嘉庆

刻文：正文：夕佳。

落款：钱泳题。

背景：钱泳，原名钱鹤，字立群，号台仙，一号梅溪，清代江苏金匮（今属无锡）人。长期做幕客，足迹遍及大江南北。工诗词、篆、隶，精镌碑版，善于书画，著有《履园丛话》、《履园谭诗》、《兰林集》、《梅溪诗钞》等。据《钱梅溪年谱》记载，钱泳来海时间为嘉庆二十一年应知州师亮采之约来云台山游玩，历数月。

南城东山摩崖题刻——"石上清风"题刻

尺寸：宽110厘米、高135厘米、字径17×22厘米、款径7×7厘米

时代：不详

刻文：上款：守海周君拉贤者陟高岗，时遇清风明月，故勒石以记岁月云。大山石匠刘盈。

正文：石上清风，山间明月。

背景：此刻位于新浦区南城镇凤凰东山天池西路北侧的岩坡上。

伊芦山石刻群——王同题刻

尺寸：宽403厘米、高108厘米、字径90×87厘米

时代：明·嘉靖二十五年（1546）

刻文：上款：丙午中秋月。

正文：高山流水。

下款：中泉王同书。

背景：石刻位于灌云县伊芦山南麓，钟庵西南约100米处一片和缓的山坡上。王同，字一之，号中泉，河南郏县人。嘉靖二十三年（1544）任海州知州，嘉靖二十九年离任。在任期间，"悉心经理，仁威并行。至减税粮、轻马价、并里甲、疏河赈济、葺学育才、兴废举坠，种种实政，暇时亲为篆书匾额碑记"。被海州百姓称之为"河南王父母"。

南城西山摩崖题刻——管干珍题刻

尺寸：宽214厘米、高68厘米、字径39×33厘米

时代：清·乾隆

刻文：正文：俯瞰东溟。

　　　落款：阳湖管干珍。

背景：管幹珍（1734—1798），字阳复，号松崖，一名干贞，江苏武进人。
乾隆三十一年（1766）进士，授翰林编修，乾隆五十三年由内阁学士
升工部右侍郎，五十四年改漕运总督。工花鸟，尤善设色牡丹。卒年
六十五。著有《松崖集》。

伊芦山石刻群——"翠壁"题刻

尺寸：宽242厘米、高150厘米、字径108×128厘米
时代：不详
刻文：翠壁。
背景：位于灌云县伊芦山西麓。

伊芦山石刻群——"龙神岩"题刻

尺寸：宽120厘米、高231厘米、字径70×56厘米、款径15×12厘米

时代：清·光绪二十二年（1896）

刻文：上款：大清光绪廿二年。

　　　正文：龙神岩。

　　　下款：仲春月雨会公立。

背景：位于灌云县伊芦山西麓，历来为百姓求雨之所。

伊芦山石刻群——方瑚题刻

尺寸：宽130厘米、高58厘米、字径27×33厘米、款径8×6厘米

时代：不详

刻文：正文：云龙潭。

　　　落款：新安歙人方瑚。

背景：位于灌云县伊芦山西麓"翠壁"南侧。

伊芦山石刻群——廖世昭题刻

尺寸：宽68厘米、高68厘米、字径14×14厘米

时代：明·嘉靖二年（1523）

刻文：明嘉靖二年夏四月越坡廖世昭、□□□必□□□。

背景：廖世昭，福建怀安人，正德进士，嘉靖元年任海州知州，创修《海州志》。《明史》录廖世昭《明一统赋》三卷。此刻与龙洞摩崖石刻群、锦屏山紫竹林寺的"西廖世昭"题刻款式与内容完全一致，惜残缺不全。

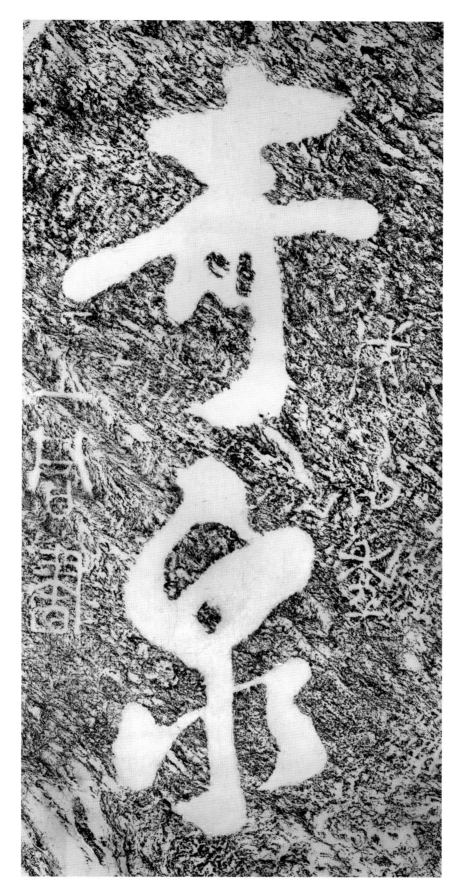

伊芦山石刻群——王同题刻

尺寸：宽90厘米、高185厘米、字径215×135厘米、款径8×7厘米

时代：明·嘉靖二十七年（1548）

刻文：上款：戊申年。

正文：奇泉。

下款：王同书。

背景：位于灌云县伊芦山钟庵后。二泉毗邻，右清左浊，清则清澈见
　　　底，浊则浑然如浆。二泉相通而不相浸，泾渭分明。

伊芦山石刻群——王同题刻

尺寸：宽225厘米、高115厘米、字径90×95厘米、款径14×20厘米

时代：明·嘉靖二十七年（1548）

刻文：上款：戊申年。

正文：含光。

下款：王同书。

背景：位于灌云县伊芦山西麓。

树艺公司界碑

时代：清光绪年间（1875–1908）

背景：清光绪二十四年（1898），海州乡绅沈云沛与补用知府广东候补直隶州知州宋治基等人合资，在云台山地区创办了连云港市最早的具有资本主义性质的"树艺公司"。树艺公司开创之初，"开山凿岭，平治道涂，筑室成村，随山栽种，化硗瘠而为沃壤"，所栽培的云台山云雾茶曾获南洋劝业会奖。

据民国许绍蘧所著《连云一瞥》记载，树艺公司在其茶园开发范围内均立碑为界，共68块。它们分别是：望海楼、海曙东、海曙北、海曙西、斗牛石、寒窑、胡真洞、窑厂、和尚坋、后顶、北风口、钩腰石、羊鼻峰、玉皇阁、龙松岭、龙胆石、龟石岩、老姥庵、峦石顶、凤凰岗、艺圃东、艺圃北、艺圃西、道人坋、马圈、招凤石、青峰顶、三星石、北山根、三佛岩、什亩地、万年山、斗蓬石、向日坡、古牛蛋、纱帽石、凤凰坡、围屏山、白马坡、南平地、水阁亭、老龙沟、上磺、下磺、孔雀石、上天梯、白鸽岩、奶鹰坞、唐王洞、杨柳盘、火石庙、仙姑洞、土城、畜子洞、推磨山、天窝山、老窑沟、耙齿岗、车厢、阴阳涧、香春沟、吉星沟、大姑山、仙人脚、骤马岭、侠仙台、十八盘、长安岭等。

时过境迁，这些遗留在山间的界碑不仅成为这段历史发展的重要物证，也记录了大量即将失传的云台山古地名。自2011年起，经过文保志愿者数年的走访与寻找，共发现海曙东山、胡真洞、羊鼻峰、龙松岭、峦石顶、马圈、招凤石、青峰顶、什亩地、杨柳盘（已残）、火石庙（已残）、土城、推磨山（已残）、天窝山、老窑沟、阴阳涧（已残）、吉星沟（已砌墙）、十八盘等近20块各类茶圃界碑，还发现了"云台北圃"、"五禁碑"等与树艺公司相关的大量刻石，为连云港市的文物保护与探索工作做出了突出贡献。

树艺公司"云台北圃"

尺寸：宽177厘米、高67厘米、字径36×30厘米

刻文：上款：树艺公司茶场。

正文：云台北圃。

下款：光绪庚子春建。

正

反

树艺公司海曙东山界碑

尺寸：宽56厘米、高111厘米、字径11×14厘米

正

反

树艺公司平字屯界碑

尺寸：宽56厘米、高111厘米、字径11×14厘米

树艺公司青峰顶界碑

尺寸：宽62厘米、高120厘米、字径15×18厘米

树艺公司龙松岭界碑

尺寸：宽64厘米、高98厘米、字径13×19厘米

正

反

树艺公司胡真洞界碑

尺寸：宽33厘米、高87厘米、字径15×14厘米

正　　　　　　　反

树艺公司羊鼻峰界碑

尺寸：宽37厘米、高85厘米、字径12×11厘米

正　　　　　　　　　　　反

树艺公司马圈界碑

尺寸：宽63厘米、高116厘米、字径12×10厘米

正　　　　　　　　反

树艺公司十八盘界碑

尺寸：宽63厘米、高116厘米、字径20×14厘米

树艺公司老窑沟界碑

尺寸：宽47厘米、高81厘米、字径21×16厘米

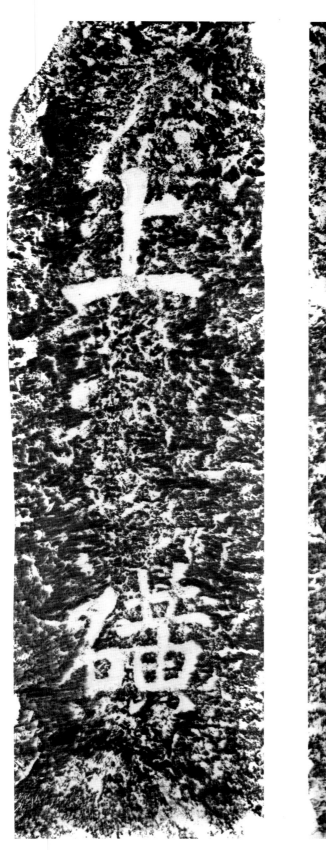
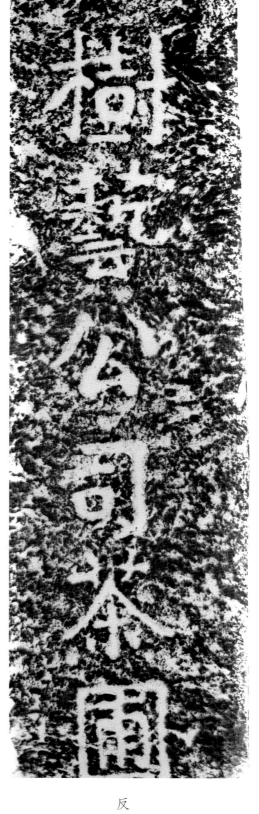

正　　　　　　　　　反

树艺公司上磺界碑

尺寸：宽47厘米、高81厘米、字径14×13厘米

正　　　　　　　　　　　　反

树艺公司天窝山界碑

尺寸：宽48厘米、高81厘米、字径25×15厘米

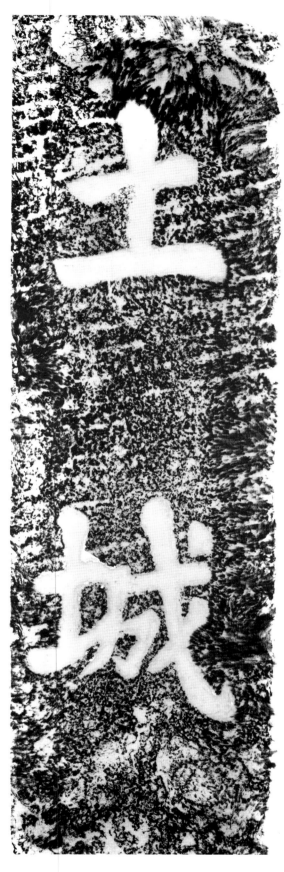

正　　　　　　　　　　　　反

树艺公司土城界碑

尺寸：宽48厘米、高82厘米、字径22×21厘米

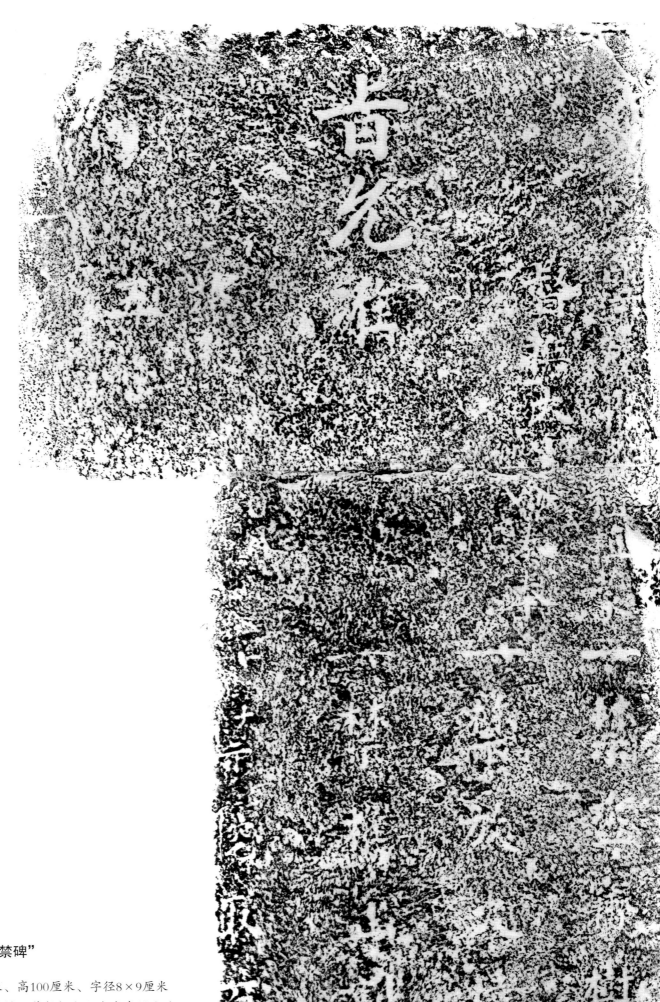

树艺公司"五禁碑"

尺寸：宽58厘米、高100厘米、字径8×9厘米

刻文：云台山种植。蒙督抚大人会奏奉旨允准。

一禁盗窃树木

一禁放火烧山

一禁樵山割草

一禁挖取百部

□□□□□□。

东磊 "花镜石" 题刻

尺寸：宽24厘米、高47厘米、字径14×11厘米
时代：不详
刻文：正文：花镜石。
　　　落款：老慢。
背景：位于新浦区渔湾风景区。作者无考。

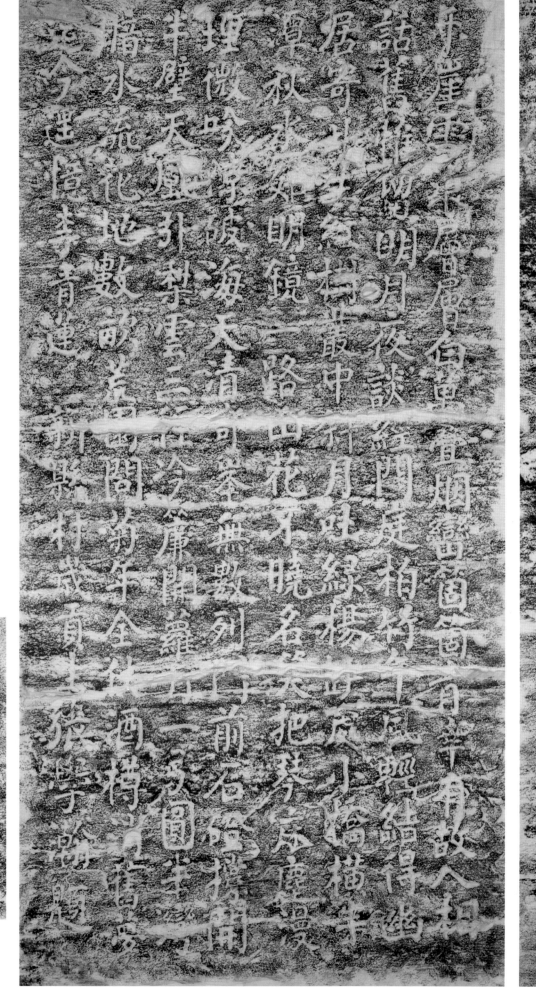

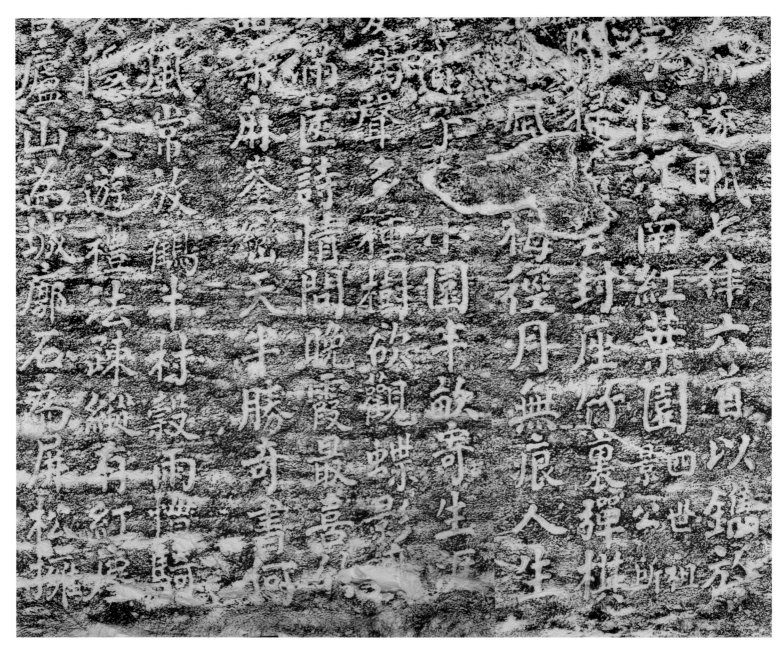

太白涧摩崖石刻——张学瀚题刻

尺寸：宽342厘米、高183厘米、字径10×9厘米

时代：清·光绪

刻文：□□□别墅也，学瀚性爱山水，结庐于□□□□□筼，读书其中，时大清光绪三十□□□□□适堂弟恩沛、堂侄正箕、
正措、正□□□□□佐清，外甥张延显偕友人徐君□□□□□房，学瀚遂赋七律六首以镌于□□□□□
家住江南红叶园（四世祖景公所□□□□□），□□□□□□轩；松间扫□云封座，竹里弹棋□□□。
□□□□春有□，风□梅径月无痕；人生□□□□□，□□真堪遗子孙。
小园半亩寄生涯，每到春来绿□□；贪爱鸟声多种树，欲观蝶影广栽花。
一帘画意添凉月，满筐诗情问晚霞；最喜竹林人共赏，烹茶闲坐话桑麻。
峰峦天半胜奇书，何处诗家俎豆余；一岭松风常放鹤，半村谷雨惯骑驴。
逃名身世烟霞寄，久隐交游礼法疏；纵有红尘三百斛，东风吹不到吾庐。
山为城廓石为屏，松拥涛声隔屋听；短榻移欹看北固，小窗兀坐读西铭。
千崖雪浪层层白，万叠烟峦个个青；幸有故人相话旧，惟留明月夜谈经。
门庭柏竹午风轻，结得幽居寄此生；红树丛中斜月吐，绿杨缺处小桥横。
半潭秋水如明镜，一路山花不晓名；笑把琴床尘漫理，微吟凉破海天清。
奇峰无数列门前，石磴撑开半壁天；风引梨云三径冷，帘开萝月一弓圆。
半湾暗水流花地，数亩荒园问菊年；全仗酒樽消旧梦，迄今遥忆李青莲。
新县村岁贡生张学瀚题，石工李利春、李惟保、李惟金、李惟雨。

背景：太白涧位于连云港市朝阳街道南，韩李水库东。涧水源于南云台山金牛顶东北。俗传唐朝大诗人李白曾游于此，在石上饮
酒醉卧，并作诗一首：翩翩东海山，策杖名山游，故名太白涧。现存太白石、太白涧石刻、李白雕像和太白酒店等遗迹。
1968年"文革"期间，太白石因一山民盖屋取石被劈去一角，导致刻面残缺。

北固山"山海奇观"题刻

尺寸：宽130厘米、高86厘米、字径17×17厘米、款径6×6厘米

时代：清·道光十四年（1834）

刻文：上款：大清道光十四年岁次甲午六月朔谷旦公立。

正文：山海奇观。

长流涧下水长流，日照紫阳景最幽；左右环山迎渤海，相传遗迹至今留。

望海须登望海边，果然浩渺接云天；舍利山前紫阳观，人但能来便是仙。

背景：位于连云区棺材山西南山麓天然石棚下岩壁，此处旧有紫阳庵。

太白涧摩崖石刻——张学瀚题刻

尺寸：宽153厘米、高150厘米、字径18×16厘米

时代：清·光绪三十三年（1907）

刻文：正文：咏龙潭飞瀑。

龙潭喷雪响涓涓，彻耳声音万谷传。金顶划开青涧路，银涛泻出碧峰巅。

浪翻倒海层崖吼，石破惊天匹练悬。行入半山凉似雨，不妨倚树听流泉。

落款：光绪三十三年八月二日岁次己亥，新县村乡进士张学瀚题，监工徐子良、张正措、张正箕、孙宝松。石工张开立。

背景：此刻位于大乌龙潭西崖岩壁上，水坝下方。

太白涧摩崖石刻——张学瀚题刻

尺寸：宽200厘米、高300厘米、字径17×15厘米

时代：清·光绪三十二年（1906）

刻文：咏雾崖四时风景。

极目南屏秀，天高峭壁摩；奇峰添画稿，归路听樵歌。

水落游鱼少，山深啼鸟多；龙潭新雨霁，绝磴起春波。

骤雨凌空洗，岩腰瀑布横；雪飞千丈落，月助一轮明。

涧险泉流壮，崖高水怒鸣；有人欹石听，松韵杂涛声。

拔地群峰峙，苍茫景色饶；烟峦供酒盏，风月助诗瓢。

怪石迎人立，枯山野火烧；半林霜落后，黄叶满溪桥。

西风吹谷口，梅放满寒溪；雪积空山冷，云封旧路迷。

鸟寻深树立，驴过小桥低；冻笔呵开后，诗成扫石题。

大清光绪三十二年十月，新县村岁贡生百川张学瀚题并书。

背景：此刻位于小乌龙潭岩壁。

东磊延福观石刻群——杨廷镇题刻

尺寸：宽295厘米、高110厘米、字径40×39厘米

时代：清·光绪三十三年（1694）

刻文：上款：康熙甲戌孟夏月。

正文：海外壶天。

下款：海州司训杨廷镇书。

背景：杨廷镇，扬州江都人，时任海州司训。

东磊延福观石刻群——万萧裔题刻

尺寸：宽233厘米、高68厘米、字径48×33厘米、款径8×8厘米

时代：清·康熙三十三年（1694）

刻文：正文：万壑朝宗。

落款：甲戌仲夏，胸守横溪万萧裔题。

背景：万萧裔，安徽新郪人，满州镶白旗人，康熙三十二年（1693）任海州知州。后顶之"移我情"、"曾经沧海"均为万萧裔所书。

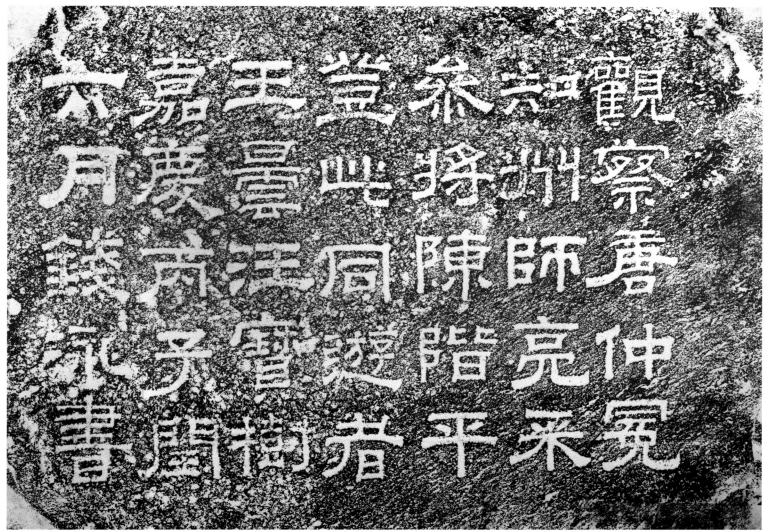

东磊延福观石刻群——钱泳题刻

尺寸：（正文）宽192厘米、高68厘米、字径39×37厘米

（落款）宽156厘米、高120厘米、字径16×16厘米

时代：清·嘉庆二十一年（1816）

刻文：正文：登山观海。

落款：观察唐仲冕、知州师亮采、参将陈阶平登此。同游者：王昙、汪宝树。嘉庆丙子闰六月，钱泳书。

背景：唐仲冕（1753-1827）：字六枳，号陶山居士，世称唐陶山。原籍善化（今湖南长沙），后客居山东肥城县涧北村。乾隆五十八年进士，知荆溪县，嘉庆七年知海州，创石室书院，建考棚，开甲子河，编修《嘉庆海州直隶州志》。嘉庆十一年移知通州。

师亮采（1768-?）：原名师兆龙，字承祖、芷塘，号禹门，陕西韩城人。嘉庆戊午年举人，嘉庆九年署海州直隶州知州。

王昙（1760-1817）：一名良士，字仲瞿，号瓶山，浙江秀水（今嘉兴）人。乾隆五十九年举人。著有《烟霞万古楼文集》六卷、《烟霞万古楼诗选》二卷、《仲瞿诗录》一卷等。

汪宝树：字樊桐，生平待考。

钱泳（1759-1844）：原名钱鹤，字立群，号台仙，一号梅溪，清代江苏金匮人。著有《履园丛话》《履园谭诗》《兰林集》《梅溪诗钞》等。辑有《艺能考》。时为海州知州师亮采幕僚。

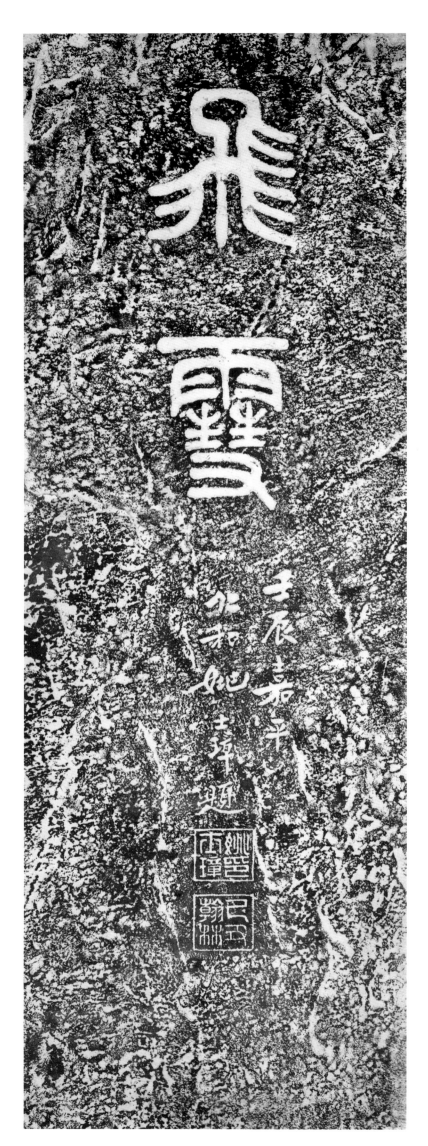

渔湾风景区姚士璋题刻

尺寸：宽68厘米、高197厘米、字径24×31厘米、款径
　　　8×10厘米

时代：清·光绪

刻文：正文：飞雪。

　　　落款：壬辰嘉平，仁和姚士璋题。

背景：姚士璋，字棫卿，浙江仁和人，清代著名书法
　　　家，犹工篆书。光绪十五年己丑科进士。应海
　　　州知州廖伦之聘迁居海州，在海州石室书院和
　　　板浦敦善书院讲学，并终老于此。

渔湾风景区"曲水"题刻

尺寸：宽102厘米、高33厘米、字径19×18厘米、款径7×9厘米

时代：不详

刻文：正文：曲水。

　　　落款：东篱慢亭流觞处。

背景：典出东晋穆帝永和九年（353）三月初三上巳日，会稽内史、大书法家王羲之偕军政高官亲朋好友谢安、孙绰等42人，在兰亭修禊后，举行饮酒赋诗，大家坐在河渠两旁，在上流放置酒杯，酒杯顺流而下，停在谁的面前，谁就取杯饮酒。有诗"兰亭丝竹。高会群贤，其人如玉。曲水流觞，灯前细雨，檐花蔌蔌"（宋·王庭珪《柳梢青》）。"江山影里，泰阶星聚，重寻古意。曲水流觞，晚林张宴，忆山阴醉"（宋·李弥逊《水龙吟·上巳》）。"曲水流觞"从此便成为中国古代的一种高雅活动。

房山摩崖题刻群——黄嘉峰题刻

尺寸：宽178厘米、高85厘米、字径40×50厘米、款径4×5厘米

时代：清·宣统元年（1909）

刻文：上款：宣统元年元旦吉日立。

　　　正文：万虑皆空。

　　　下款：文庠生黄嘉峰书。

背景：位于东海县房山镇房山顶峰。

磨山石刻

尺寸：宽170厘米、高223厘米、字径11×14厘米

时代：清·光绪二十年（1894）

刻文：正文：盖因石匠劈打诸山名石，破山东江南之气。为此公议，以后大山不许开打，小山名石、山
尖亦不许打。如有硬行者，住持报知四乡，呈官理断。住持看守。

落款：大清光绪二十年三月上浣公立。

背景：从内容上看，这块题刻因"石匠劈打诸山名石"破坏了"风水"而起，当地居民为保护磨山及周
边环境，刻石立约，用书面形式规定禁止在此开山，在民俗学上被称为"乡约"或"乡规"。

"人济桥"碑刻

尺寸：宽90厘米、高264厘米、字径33×42厘米、款径
　　　6×10厘米

时代：明·万历二十九年（1601）

刻文：上款：万历二十九年七月二十六日吉旦立。

　　　正文：人济桥。

　　　下款：知赣榆县事喻体义题。□□阎世化□桥
　　　叁座。

背景：喻体义，江西瑞州人，明万历二十九年由举人
　　　任赣榆县令，阎世化为赣榆乡绅。人济桥位于
　　　今赣榆县赣马高级中学内，桥侧有龙头四个，
　　　今存三个。

"四达桥"碑刻

尺寸：宽55厘米、高132厘米、字径15×12厘
米、款径7×8厘米

时代：清·光绪十一年（1885）

刻文：四达桥。光绪乙酉年孟夏月谷旦。
本镇士商捐资重建，金、程、汪庄鉴
造。

背景：现藏于灌南县博物馆。

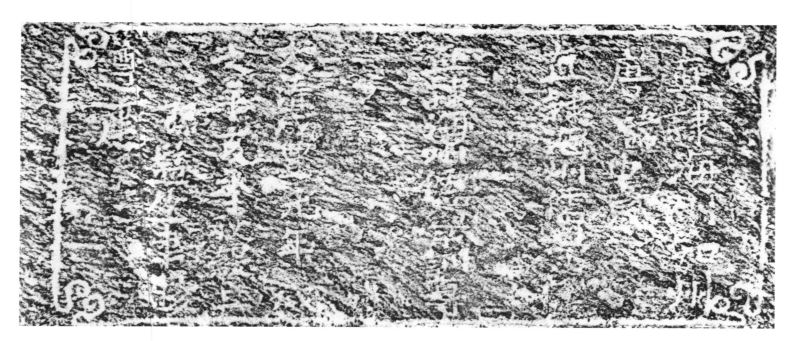

"直隶海州知州"碑刻

尺寸：宽68厘米、高29厘米、字径3×4厘米

时代：清·咸丰元年（1851）

刻文：直隶海州知州唐讳中□、直隶海州儒学、直隶海州儒学训导。大清咸丰元年，岁之辛亥年秋谷旦，□监
生聿□遵建。

背景：现藏于灌南县博物馆。

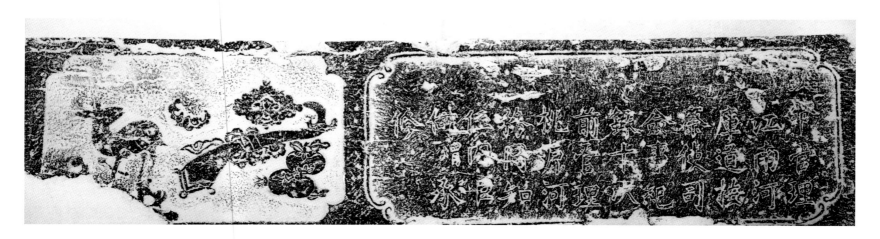

"桃源河桥"碑刻

尺寸：宽158厘米、高42厘米、字径6×8厘米

时代：清

刻文：钦命管理江南河库道按察使司佥事，纪录十次，前管理桃源河务同知任内，臣何煟承修。

背景：何煟（？－1774），字谦之，浙江山阴人。雍正十六年，迁任两淮盐运使。桃源，清代县名，今江苏泗阳一带。
现藏于灌南县博物馆。

酉設帳黃嘗
居停張翁廣之
莘陝游泉石覩
寒浸日浪激喧
一經枕漱之徹
連國吹眪眄潭
源水一方龍氣
涵魚躍騰雲梯
光躡尾足昂選
店門昂泉聲
汝瀾穩泊航恩
縣鄉雲書張

民 国遗踪

　　民国伊始，百废待兴。经过辛亥革命炮火的洗礼，新兴的海州古城一片生机和活力。在短暂的三十七年里，新浦开埠、海灌分治、陇海铁路通车、连云港竣工、连云市成立，欣欣向荣的社会景象初见端倪。大批接受了新式教育的莘莘学子、仁人志士、达官显赫纷至沓来，来到这个充满了生机与活力的海隅小镇，为这里留下了千秋之笔。

　　民国九年（1920），清代著名书法家、教育家李瑞清与世长辞。之后，李瑞清的学生余清、程用宾、程桂南、章登元、程晋泰、陈亦庐、丁锡华、屠方、卢寿笺等一行九人，在游览海天洞时，悟五和尚拿出李瑞清的遗墨，众人看罢，"益增哀感"，遂出资将其刻在海天洞一侧的巨石上，"藉表仰止之意"。其师徒情深，被后人传为佳话。

　　民国十二年（1923）5月，时任江苏省教育厅厅长的蒋维乔，巡视海属地区教育情况。当时连云港市尚未开埠，交通闭塞。蒋维乔在视察江苏省立第八师范学校期间，读到该校国文教师吴铁秋所著《苍梧片影》一书，并看到书中有关云台山照片的插页（即吴铁秋之子吴印咸所摄云台山风情照片），甚为赞赏，高兴之余，携《苍梧片影》入山考察。在游览云台山时，称赞此处为"东海神区"，并拍摄了三十六幅风情纪实照片，汇编成《云台山》画册，为连云港市留下了珍贵的影像资料。

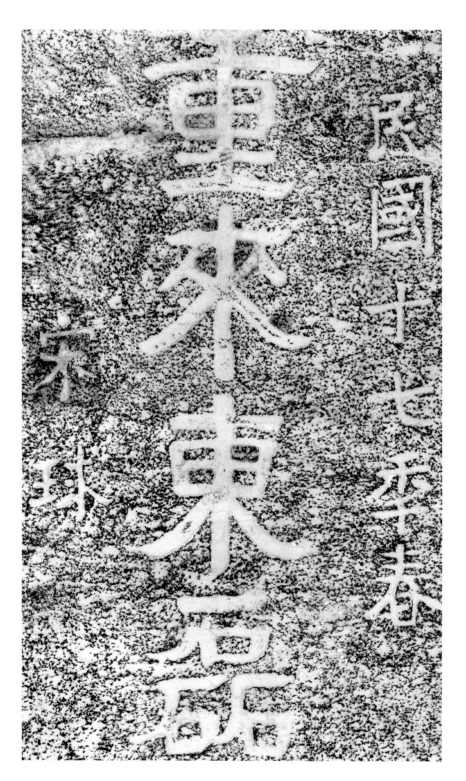

东磊石刻群——宋球题刻

尺寸：宽50厘米、高95厘米、字径17×18厘米

时代：民国十七年（1928）

刻文：上款：民国十七年春。

正文：重来东磊。

下款：宋球。

背景：宋球，名恩溥，字天愚，1884年8月8日出生于
灌云县白蚬乡西宋庄。家境富裕，幼年受私塾
启蒙教育，后毕业于东海中学（今海州高级中
学前身），又在南京国民大学肄业。曾先后任
教于赣榆县青口小学、灌云县立第二、第三高
等小学，后任灌云县教育研究会会长、县教育
局教育委员、天乙乡乡长、县第七（新县）、
第六（双港）、第二（大伊）区区长等职。
1938年，日本侵略军大举进犯连云港，宋天愚
积极组织民众支援前线，投身抗日。后因积劳
成疾、感染重病，于1941年4月19日辞世。

宿城仙人屋石刻——振亚题刻

尺寸：宽745厘米、高127厘米、字径124×131厘米

时代：民国八年（1919）

刻文：正文：入海须到底。

落款：民国八年题 振亚草。

背景：振亚，民国年间宿城法起寺监院。

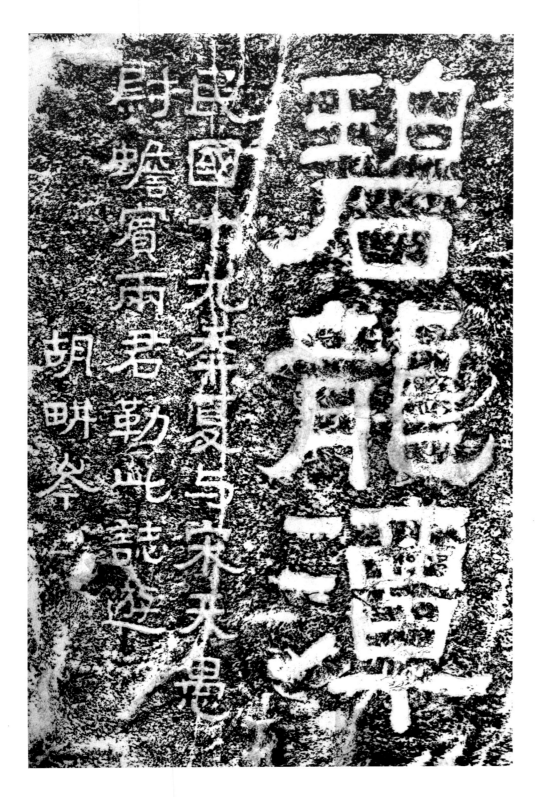

东磊石刻群——胡畔岑题刻

尺寸：宽66厘米、高106厘米、字径30×
　　　35厘米、款径7×6厘米

时代：民国十九年（1920）

刻文：正文：碧龙潭。

落款：民国十九成年夏与宋天愚、
　　　尉蟾宾两君勒此志游，胡畔岑。

背景：作者生平不详。

东磊刘家坡"蓬莱阆苑"碑刻

尺寸：宽88厘米、高33厘米、字径13×20厘米
刻文：蓬莱阆苑。

东磊刘家坡"仙墓亭"碑刻

尺寸：宽90厘米、高33厘米、字径17×21厘米、款径4×5厘米
刻文：正文：仙墓亭。
　　　落款：民国九年冬月立。

东磊刘家坡"紫气东来"碑刻

尺寸：宽87厘米、高34厘米、字径16×24厘米

东磊刘家坡"道德犹龙"碑刻

尺寸：宽44厘米、高125厘米、字径8×11厘米、款径6×7
　　　厘米

刻文：碑额：道德犹龙。

　　　正文：江苏阜宁县□灶乡，大善士李公通潮，生于
　　　咸丰甲寅秋，成道民国己未冬，六日还阳，坐化飞
　　　昇，奔葬龙头，坤山艮向，勒志。

　　　落款：民国八年仲冬月甲子日书立。

背景：位于刘家坡聚宝瓶山顶处的"仙墓亭"是阜宁县东
　　　灶人李通潮的葬身之所。李生于清咸丰年间，卒于
　　　民国八年（1919）。碑文中将墓主李通潮称为"大
　　　善士"，这与当地山民的传说是相符的。而碑首部
　　　分所刻的"道德犹龙"四个字则出自"太公钓渭，
　　　老子犹龙"的典故，后世将"犹龙"假借老子，后
　　　引申为"有道之士"。清代诗人徐振芳有《海陵寄
　　　李子微》诗曰："犹龙久矣逃尘世，牵犊公然饮上
　　　流。"碑首的"道德犹龙"则是将墓主李通潮比作
　　　老子，称赞他为得道授业的"有道之士"。

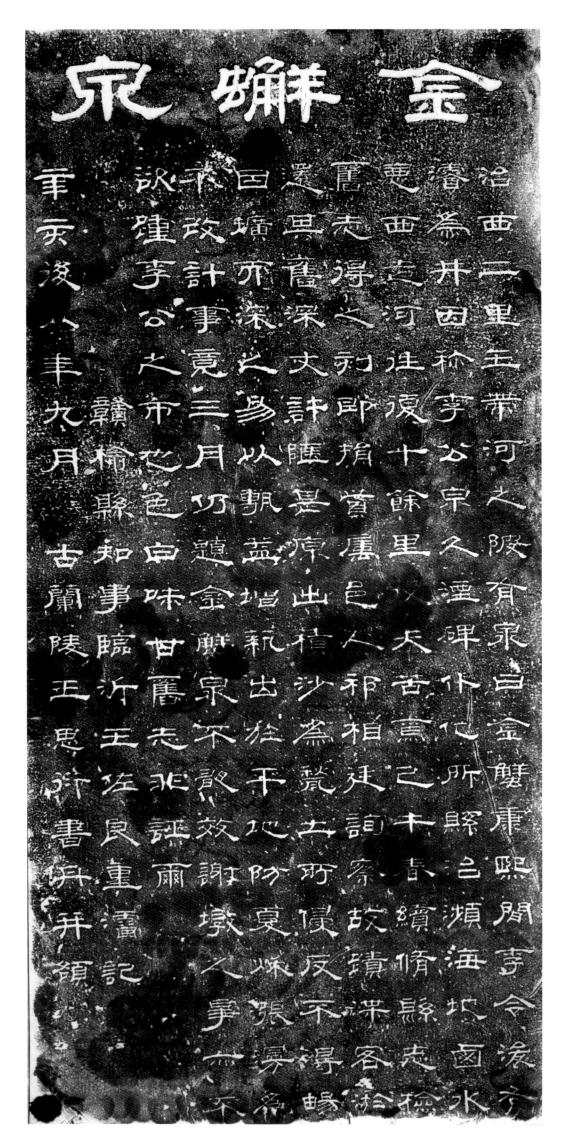

金蟹泉碑刻

尺寸：宽74厘米、高163厘米、字径
　　　17×16厘米、款径6×5厘米

时代：民国八年（1919）

刻文：碑额：金蟹泉。

　　　正文：治西二里玉带河之陂有
　　　泉，曰"金蟹"。康熙间李
　　　令浚有濬为井，因称"李公
　　　泉"。久湮，碑仆他所。县治
　　　濒海，地卤水恶，西之河往复
　　　十余里，役夫苦焉。己未春，
　　　续修县志，检旧志得之刻，即
　　　捐资，属邑人祁相延询察故
　　　迹，渫客淤，还其旧，深丈
　　　许，隘甚。原出积沙为瓮土所
　　　侵，反不得畅。因扩而深之，
　　　易以砖，益增薪，出于平地，
　　　防夏秋涨漫。为不改计，事
　　　竟，三月，仍题"金蟹泉"。
　　　不敢效谢墩之事，亦不欲踵李
　　　公之市也。色白味甘，旧志非
　　　诬尔。

　　　落款：赣榆县知事、临沂王佐
　　　良重浚记。辛亥后八年九月，
　　　古兰陵王思衍书丹并额。

背景：此泉位于镇西玉带河侧，传说
　　　泉中有一金色螃蟹，故称"金
　　　蟹泉"。康熙四年（1709），
　　　知县李浚有将泉改建成井，水
　　　质甘甜，百姓受益不少，群众
　　　呼之为"李公泉"，并勒石作
　　　记。因年久而干涸，民国八
　　　年，县知事王佐良进行整修，
　　　复名"金蟹泉"，勒铭立碑于
　　　侧，亲自撰写碑文，由进士王
　　　思衍书丹。现此碑藏于赣榆县
　　　赣马高级中学院内。

花果山前顶石刻群——杨乃昌题刻

尺寸：宽70厘米、高65厘米、字径15×13厘米、款径6×6厘米

时代：民国

刻文：上款：悟五大和尚法鉴。

正文：海天福地，养性参禅。

下款：发弟杨乃昌题。

背景：悟五系民国时期云台山海天洞方丈，涟水人。杨乃昌，南城人，民国时灌云县民团团长。

花果山前顶石刻群——王儒纲题刻

尺寸：宽153厘米、高99厘米、字径61×43厘米、款径8厘米

时代：民国五年（1916）

刻文：上款：民国五年中秋上浣。

正文：云台胜境。

下款：润民武学澍题，翼亭王儒纲书石。

背景：武学澍，民国时灌云县郁林乡大村人，为郁林乡董事。

花果山前顶石刻群——李瑞清题刻

尺寸：宽314厘米、高59厘米、字径58×54厘米、款径7×9厘米

时代：民国九年（1920）

刻文：正文：环瀛仰镜。

跋：临川李瑞清 民国九年十月，清等旅行云台山海天洞，僧悟五出示李师梅庵擘窠书，时距李师之殁甫匝月，展观遗墨，益增哀感。敬为摹崖，以垂不朽。籍表仰止之意云。泰兴余清、歙程用宾、灌云程桂南、章登元、江宁程晋泰、靖江陈亦庐、武进丁锡华、屠方、宝应卢寿篯，谨跋。

背景：李瑞清（1867－1920），江西临川人，名文洁，字仲麟，号梅庵、梅痴、阿梅，自称梅花庵道人，喜食蟹，自号李百蟹，入民国署清道人。著名书画家，是国画大师张大千之师。李氏曾书"环瀛仰镜"四字赠云台山悟五和尚，民国九年（1920），有李瑞清学生余清等与在灌云八师任教的两江师范校友及部分八师知名教师游云台山，见此作品，遂敬摹于海天洞之后巨石上。

余清，泰兴人，李瑞清弟子。

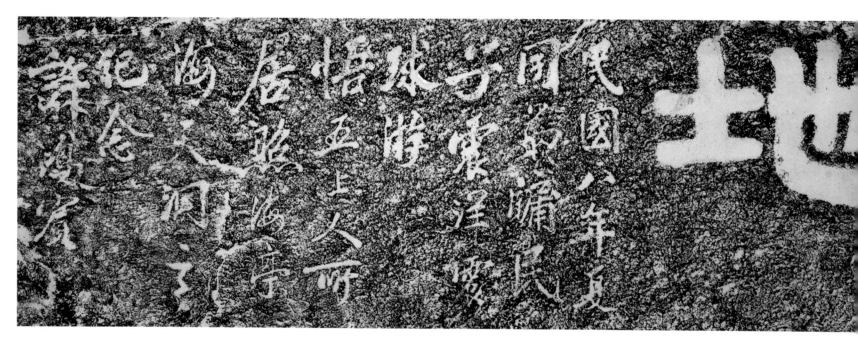

花果山前顶石刻群——许鸿宾题刻

尺寸：宽300厘米、高58厘米、字径44×33厘米、款径7×9厘米

时代：民国八年（1919）

刻文：正文：洞天福地。

跋：民国八年夏，同弟牖民、子震洋、震球游悟五上人所居照海亭海天洞之纪念。

落款：许鸿宾。

背景：许鸿宾，字健云，板浦人，灌云豪绅，出生盐商家庭。牖民，鸿宾弟，名鸿启。震洋、震球为许鸿宾之子。

程用宾，（1878-？）安徽歙县人，寓居江苏东台，字书五，清末两江优级师范学堂图画手工科毕业。精行楷，善篆刻。

陈亦庐，名衿山，陈继承（黄埔军校战术教官，国民党陆军中将）长兄，清末科秀才，旋又毕业于南京两江师范。民国初年，加入上海中华职教社成为社员，任靖江县视学、县教育会会长等职，后任省立第八师范（板浦）教员。民国二十年（1931）1月19日任安徽广德县长，后又任盱眙、赣榆县长。

程晋焘，江宁人，号鲁斋，江苏省立第八师范（板浦）校长。

屠方，字心矩，别号百辛，武进人，两江优级师范学堂肄业，时任省立第八师范学监。后继程晋焘任江苏省立第八师范（板浦）校长。民国十年任江苏省议会议员。抗战后卒，年五十二。

丁锡华，字捷臣，武进人。两江优级师范学堂毕业。江苏省教育厅第二科科员。

卢寿錢：江苏宝应人，1910年毕业于两江优级师范学堂。

程桂南：江苏灌云人，清末在江宁任省视学之职，民国后曾任灌云县实业佐治员。

章登元，改名沧清。灌云板浦人，留学于日本，历任大伊市三育小学、灌云县精勤小学、省立第八师范、东海中学、上海中学国文教师。

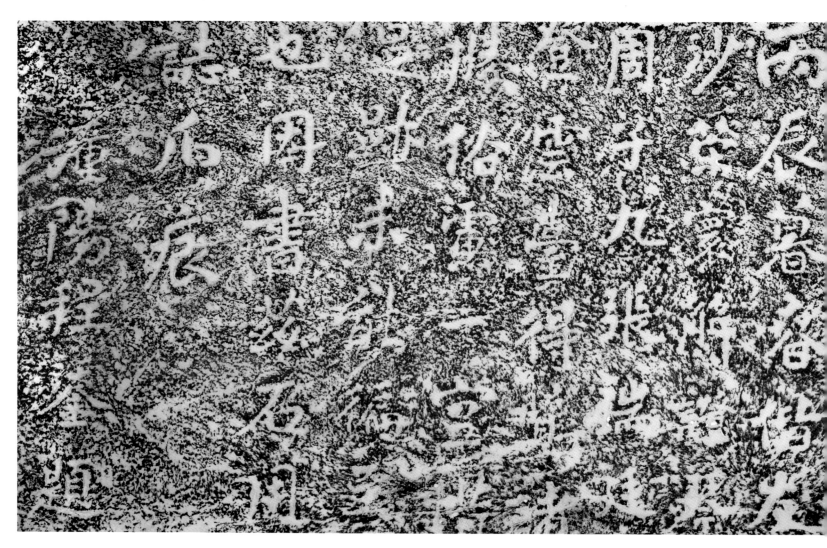

花果山前顶石刻群——程銮题刻

尺寸：宽230厘米、高70厘米、题字字径40-50厘米、跋文字径8厘米

时代：民国五年（1916）

刻文：正文：袖海。

跋：丙辰暮春，偕友沙荣寰、解证琴、周子九、张瑞廷登云台，得览诸胜，俗虑一空，惜足迹未能遍至也。因书兹石，用志爪痕。

落款：潼阳程銮题。

背景：程銮，沭阳人，字树荪，民国十年曾任江苏省议会议员。沭阳程震泰家族第六代。潼阳，沭阳之古称。丙辰为民国五年（1916）。解矩，字证琴，江苏沭阳人，清光绪丁酉科拔贡，山西补用直隶州州判。沙登瀛，字荣寰，江苏沭阳人，民国时任沭阳县公署第三科科长、沭阳县实业佐治员。

花果山前顶石刻群——蒋维乔题刻

尺寸：宽89厘米、高78厘米、字径25×30厘米、
款径4×5厘米

时代：民国

刻文：正文：东海神区。

落款：武进蒋维乔书。

背景：蒋维乔（1873—1958），字竹庄，别号因
是子，江苏武进人。1923年5月，蒋维乔
先生至连云港市拍摄《云台山》画册。当
时，他是以江苏省教育厅长的身份，巡视
淮海地区教育。在灌云县板浦镇，江苏省
立第八师范学校视察时，读到该校语文教
师吴铁秋所著《苍梧片影》一书，并看到
书中有关云台山的插页照片（即吴铁秋之
子吴印咸所摄云台山风情照片），甚为赞
赏，高兴之余，赠以联云"偶入苍梧留片
影，恰从白鹭湖伊人"。

花果山前顶石刻群——程肇湜题刻

尺寸：宽236厘米、高47厘米、字径31×30厘米、款径4×5厘米
时代：民国四年（1915）
刻文：正文：别有天地。
　　　跋：民国四年阴历二月九日，偕古晋张君杰夫、浙江张君镜清、本邑周子九、傅长□、江敬斋、程理堂诸君同往云台三元宫进香，闻宫□有海天洞，上有照海亭，遂与诸君一游览焉。至则其洞主悟五禅师□引入内，登亭远眺，奇峰怪石，形势天然，倚天照海，真仙境也。爰作数语以志弗忘云。
　　　落款：潼城程肇湜题。
背景：潼城，即沭阳古称。程肇湜，字廉泉，先世歙县人，沭阳程震泰家族第七代传人。民国初任国会京议员、沭阳县商会会长，家财万贯，独霸一方，沭阳巨富震泰（店号）老板。与海州镇守使、沭阳县长瞿鸿宾为结拜兄弟。民国十六年（1927）北伐军进城，程家产业被封，民国十七年参与夺取县政权的"一六惨案"，失败后程肇湜流落异乡。"袖海"题刻的作者程鋆为程肇湜的族叔。

花果山前顶石刻群——程肇湜题刻

尺寸：宽170厘米、高45厘米、字径38×45厘米
时代：民国十年（1921）
刻文：上款：民国十年正月。
　　　正文：云天深处。
　　　下款：沭阳程肇湜题。
背景：程肇湜，字廉泉，先世歙县人，沭阳程震泰家族第七代传人。民国初任国会京议员、沭阳县商会会长，江苏省议会议员。

黄窝风景区张恩沛题刻

尺寸：宽182厘米、高140厘米、字径13×10厘米

时代：民国十年（1921）

刻文：正文：民国辛酉，设帐黄窝，二年，于兹暇与居停张翁履之，邻人胡维忠等陟游泉石，睹龙潭飞瀑，淅寒浸日，浪激喧雷，时值盛暑，一经枕漱，凉澈心脾，相与流连，因以赋之：为爱仙源水一方，龙潭曲曲千风凉；渊涵鱼跃腾云气，树带蝉鸣掩日光。蹑尾定依梯路险，攀轟真觉石门昂；泉声遥接潮声壮，添助波澜稳泊航。

落款：新县乡云书张恩沛题。

背景：张恩沛（1868-1945），原名克沛，字云书，号梅墅主人，清末贡生，灌云县新县（今连云港市朝阳街道）人。著有《鸿雪联稿》、《岁寒轩剩语》、《朐海黉序录续》等。民国九年至民国十一年间，张恩沛至黄窝张锡祥家教书，本刻刻于民国十年（1921）夏。

张锡祥（1858-1940），黄窝人，字履之。

胡维忠为黄窝人，张锡祥的邻居。

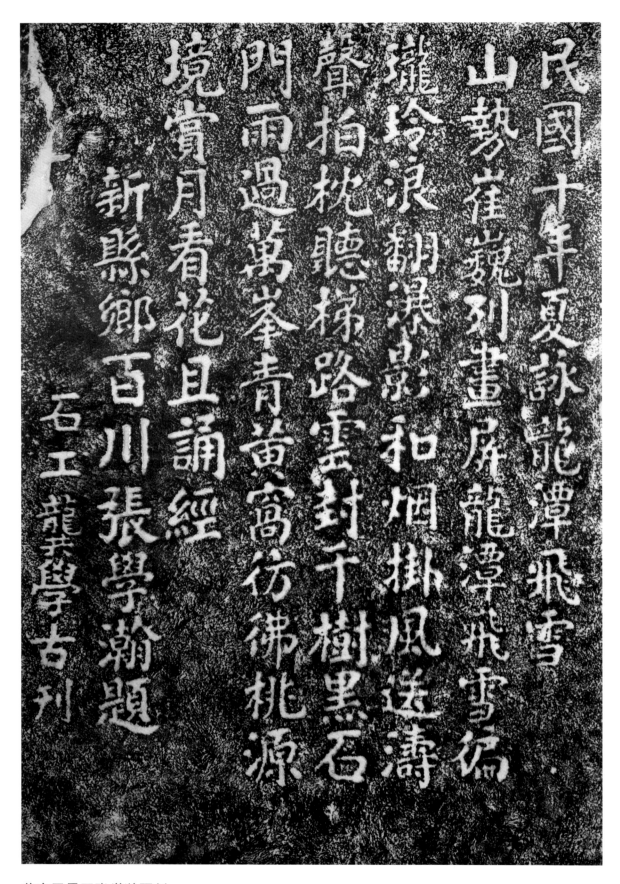

黄窝风景区张学瀚题刻

尺寸：宽94厘米、高143厘米、字径10×7厘米

时代：民国十年（1921）

刻文：上款：民国十年夏咏龙潭飞雪。

正文：山势崔巍列画屏，龙潭飞雪遍珑玲；浪翻瀑影和烟挂，风送涛声拍枕听。梯路云封千
树黑，石门雨过万峰青；黄窝仿佛桃源境，赏月看花且诵经。

下款：新县乡百川张学瀚题，石工龚学古刊。

背景：张学瀚（1868-1940），字百川，为张恩沛族兄，清末贡生，海州新县人。著有《云台导游诗
钞》、《红叶山房诗稿》。宣统元年在家乡新县创办蔚云学堂，造福桑梓。张学瀚于民国十
年（1921）至黄窝游玩，题诗岩上；石工龚学古，海州墟沟龚大巷人。龚氏家族辈出石刻名
家，民国十年，龚学古携其侄龚维岭来黄窝刻石。

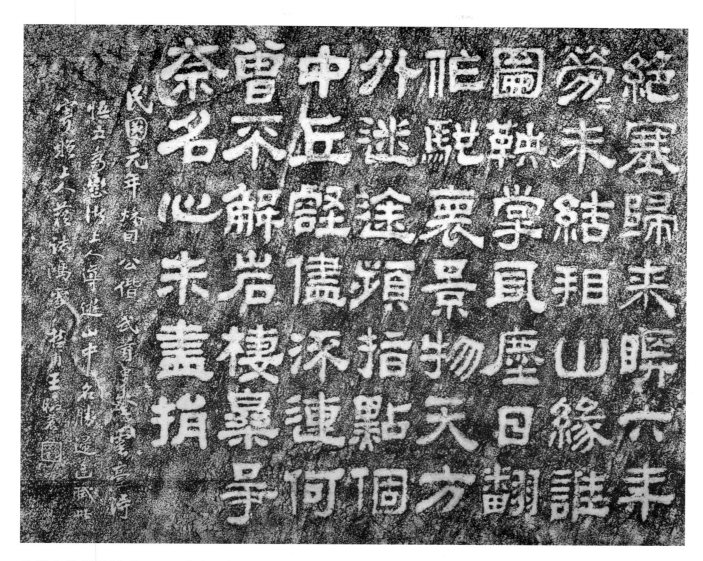

花果山前顶石刻群——王晓农题刻

尺寸：宽130厘米、高104厘米、字径19×16厘米

时代：民国元年（1912）

刻文：正文：绝塞归来瞬六年，劳劳未结拜山缘；谁图鞅掌风尘日，翻作驰怀景物天。方外迷途频指点，个中丘
壑尽流连；何曾不解岩栖乐，争奈名心未尽捐。

　　　落款：民国元年秋月，公偕武□□登云台，得悟五、秀峦诸上人导游山中名胜。归，函赋此寄赠上人藉志
鸿雪。哲甫王晓农。

背景：王晓农（1878-1938），字哲甫，江苏灌云人，曾任东海县实业佐治员。工书，善长真、草、隶、篆书，精
于金石。与白宝山、李鼎、郝国玺等政要相友善。

花果山前顶石刻群——杜蘅题刻

尺寸：宽93厘米、高94厘米、字径15×17厘米

时代：民国

刻文：正文：志大身闲，山高水远。

　　　落款：悟五禅棣居洞后，余复来过访见其
人，其地幽僻森然。余流连不忍去，因作短
联，以志其实云。如兄杜蘅撰并书。

背景：作者无考。

抗 日烽火

　　连云港地处黄海前哨，东濒海道，西接徐邳，北控齐鲁，南蔽江淮，素有"海防要塞"、"中原门户"之称。1938年5月至1939年3月，我抗日军队依托后云台山，与来犯日寇展开了殊死搏斗，用鲜血和生命保卫了云台山，保卫了连云港。

　　1938年初，侵华日军从南北两面夹击徐州，准备与国民党军第五战区主力进行会战并进而夺取徐州，将华北与华中战场连成一体，以实现其迅速灭亡中国的野心。5月初，日军在飞机、舰炮的掩护下，企图从孙家山附近强行登陆，遭到国民党守军的奋勇抵抗，连云港保卫战、丫髻山阻击战、庙岭伏击战、大桅尖争夺战、墟沟反击战等一场场可歌可泣的战斗，挫败了日军企图占领连云港，将其作为陆上物资与兵员补给的基地，打通徐海之间的陇海铁路的阴谋。

　　抗战爆发后，为适应战时需要，国民政府将税警团改为游击第八军，曾锡珪任总司令，李志亲任副总司令，下设六个总队（团级）一万余人，负责连云港一带的防务。第一总队长胡伯敏；第二总队长冯岳；第三总队长胡文臣；第四总队长杨君实；第五总队长戴昭然；第六总队长易子琦。分别驻守在连云港、孙家山、墟沟火车站、黄窝、高公岛以及东陬山、埒子口、灌河口、朱麻等地区。国民党游击第八军与从西北战场上调来的原张学良东北军第57军667、668两个团配合，扼守疆土。

　　1938年5月20日傍晚，日军登陆部队以优势火力对连云港、孙家山等各处实施攻击，李志亲率领第八军在丫髻山奋勇抵抗，浴血奋战。5月22日，由国民革命军第57军112师334旅换防撤出战场，并先后在宿城、东磊等处休整。在此期间，李志亲在宿城、东磊分别留下"保卫疆土，复兴中华"与"血战连云"等抗日题刻。总司令曾锡珪与第二总队长冯岳分别在宿城万寿山留有"殷忧启圣，多难兴邦"和"保我山河"题刻。第三总队长胡文臣则奉命驻扎在东陬山，1938年9月24日，在抗击日寇的高公岛战斗中，胡文臣率部与敌寇浴血奋战，固守阵地，在东陬山建藏军洞躲避日机轰炸，并在洞中留有两处抗日题刻。另外，国民党守军57军将领周从权、东海县陇海路北游击总指挥杨凤鸣等人都在保卫连云港的战斗中浴血奋战，多次给予日军以沉重打击，保卫了连云港。

　　连云港保卫战创造了对日防守作战的奇迹，从1938年5月20日至1939年3月4日历时289天。日军不得不承认进攻连云港"使海军吃尽苦头"。当时的《中央时报》在头版报道说"守卫云台山部队，坚如钢铁，固若金汤"，在抗战历史上书写了光辉的一页。连云港保卫战的胜利振奋了军心民心，坚定了国人抗战必胜的信心，挫败了日军从海上增兵的企图，有力地支持了第五战区在徐州战场的对日作战。

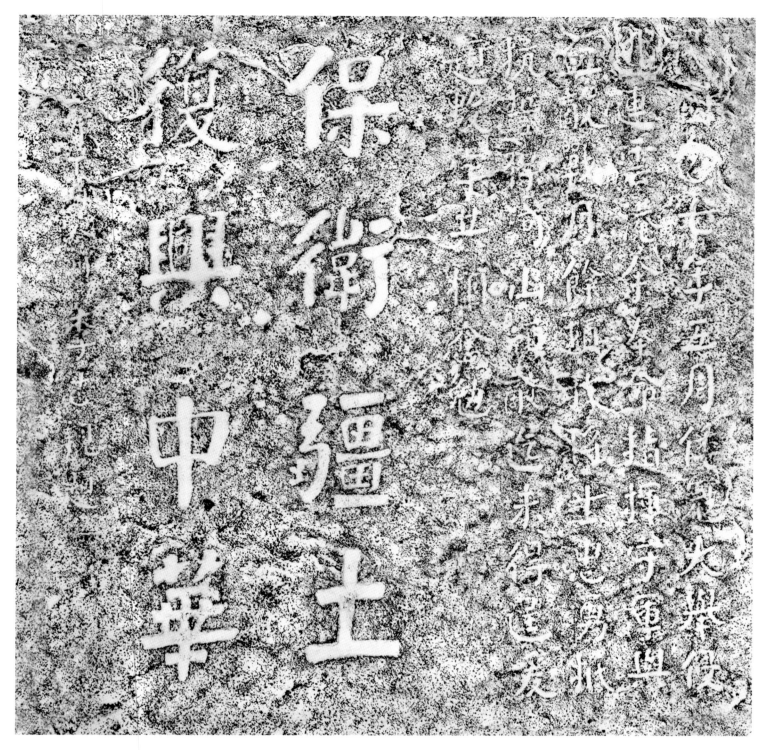

云台山抗日石刻群——万寿山李志亲题刻

尺寸（左图）：宽372厘米、高424厘米、字径76×70厘米

（款）宽71厘米、高219厘米、字径19×20厘米

时代：民国二十七年（1938）

刻文（左图）：正文：保卫疆土，复兴中华。

落款：民国廿七年六月十日，四川合川李志亲题。

尺寸（上图）：宽126厘米、高128厘米、字径18×21厘米、款径6×8厘米

刻文（上图）：跋：民国廿七年五月，倭寇大举侵犯连云港，余奉命指挥守军与血敌战月余。赖我将士忠勇抵抗，誓保河山，顽

敌迄未得逞。爰题数字，共相奋勉。

正文：保卫疆土，复兴中华。

落款：六月下旬，合川李志亲题。

背景：李志亲（1901-1955），原名兴荣，四川合川响水乡团坝人。1927年留学法国 加入中国共产主义青年团。先后毕业于法

国柯密尔高级工业学校机电科与法国圣希尔陆军军官学校。1929年2月任黄埔军校俄炮教官，1931年任交通宪兵团副团长，

1932年任江西省保安团副团长，后至淮北税警队曾锡珪部下任职。抗战开始后，淮北税警改编为游击第八军，李志亲任第

八军副总司令，负责连云港一带的防务。1938年5月20日傍晚，日军登陆部队以优势火力对连云港、孙家山等各处实施攻

击，李志亲率领第八军在丫髻山奋勇抵抗，浴血奋战。5月22日，由国民革命军第57军112师334旅换防撤出战场，并先后在

宿城、东磊等处休整。在此期间，李志亲在两处分别留下"保卫疆土，复兴中华"与"血战连云"等抗日题刻。

云台山抗日石刻群——万寿山曾锡珪题刻

尺寸：宽188厘米、高417厘米、字径88×78厘米

　　　款：宽33厘米、高142厘米、字径19×22
　　　厘米

　　　跋：宽128厘米、高330厘米、字径18×20
　　　厘米

时代：民国二十七年（1938）

刻文：正文：殷忧启圣，多难兴邦。

　　　落款：曾锡珪题。

　　　跋：溯自抗日战起，敌□恃其海陆空军，
联合火力，破我要塞，肆行无忌。本年五
月廿日，敌又施其故技，进犯我连云港，
经我官兵奋勇抗战，时逾匝月，敌终未能
越雷池一步。斯则羞堪告慰者，而我守备
东西连岛将士，又复慷慨赴义，竟作壮烈
牺牲，比古之田横五百蹈海壮士固无逊色
焉！国家兴亡，匹夫有责。追往思来，怅
怀无已，爰镌八字于石，勗我袍泽，留作
纪念云尔。公历一九三八年六月廿八日，
湖北沔阳曾锡珪识。

背景：曾锡珪（1899－1966），1899年出生于湖
北省沔阳县石桥乡，现改为仙桃市。曾锡
珪青年时考入清华大学，1922年毕业后公
费留美，先后在哈佛大学、康乃尔大学
攻读硕士学位，1926年，去比利时、法国
进修，在巴黎结识陈毅。1927年取道莫斯
科回国，投靠冯玉祥麾下任第一集团军参
谋，1933年任两淮税警主任。抗日战争爆
发后，为适应战时需要，国民党政府将税
警团改为游击第八军，曾为总司令，下设
六个总队（团级），第一总队总队长：胡
伯敏，第二总队长：冯岳，第三总队长：
胡文臣，第四总队长：杨君实，第五总队
长：戴昭然，第六总队长：易子琦。他们
驻守连云港，负责后云台山的守卫。"殷
忧启圣，多难兴邦"出自晋代刘琨《劝进
表》："或多难以固邦国，或殷忧以启圣
明。"

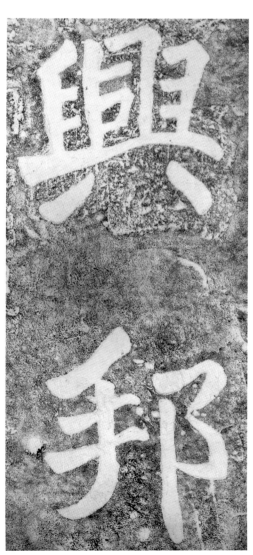

云台山抗日石刻群——万寿山冯岳题刻

尺寸：宽264厘米、高66厘米、字径46×41厘米、款径8×9厘米

跋：宽90厘米、高110厘米、字径9厘米

时代：民国二十七年（1938）

刻文：正文：保我山河。

落款：粤东冯岳。

跋：民国二十七年五月，倭寇由老窑、孙家山强行登陆，余奉令率游击第二总队向后云台山堵击，苦战经月，幸赖官兵用命，顽寇迄未得逞，爰勒石志念。

背景：此石刻位于曾锡珪题刻东侧，楷书。在题刻之前有序，魏碑体。冯岳，广东人，时为游击第八军下辖的六个总队的第二总队队长。

云台山抗日石刻群——飞来石抗日石刻

尺寸：宽80厘米、高128厘米、字径11×19厘米、款径10×22厘米

时代：民国二十七年（1938）

刻文：正文：国难当头，吾辈军人当以死赴之；得不死，则亦得后天下之乐而乐也。

落款：邵恩三。

背景：此石刻位于连云区高公岛乡吕端山顶，刻于大桅尖峰飞来石南侧壁上。碑文在文革期间遭人毁坏，大多已漫漶不清。1938年初，中国守军曾在此防御入侵日军，文中言抗日战事，铭志壮怀激烈。邵恩三（？－1943），国民党军第40军（庞炳勋）39师（马法五）115旅（朱家麟）229团团长，1937年底奉命从河北移驻守卫连云港沿海。1938年2月，40军移驻莒城，邵恩三在战斗莒城保卫战中臂部负伤，仍坚持作战，后突围调驻临沂，又参加了著名的临沂保卫战。1943年4月11日，自戕殉国。

云台山抗日石刻群——东磊李志亲题刻

尺寸：宽67厘米、高103厘米、字径16×18厘米、款径6厘米

时代：民国二十七年（1938）

刻文：正文：血战连云。

跋：民国廿七年五月，余率所部守备连云，与倭寇血战数昼夜，奉令将墟沟阵地移交某旅，转战老窑，途经东磊，题写数
字，以应父老，而为纪念。

落款：李志亲志。

背景：李志亲，原名兴荣，四川合川响水乡团坝人。1927年留学法国，加入中国共产主义青年团。先后毕业于法国柯密尔高级工
业学校机电科与法国圣希尔陆军军官学校。1929年2月任黄埔军校炮炮教官，1931年任交通宪兵团副团长，1932年任江西省
保安团副团长，后至淮北税警队曾锡珪部下任职。抗战开始后，淮北税警改编为游击第八军，李志亲任第八军副总司令，
负责连云港一带的防务。1938年5月20日傍晚，日军登陆部队以优势火力对连云港、孙家山等各处实施攻击，李志亲率领第
八军在丫髻山奋勇抵抗，浴血奋战。5月22日，由国民革命军第57军112师334旅换防撤出战场，并先后在宿城、东磊等处休
整。在此期间，李志亲在两处分别留下"保卫疆土，复兴中华"与"血战连云"等抗日题刻。

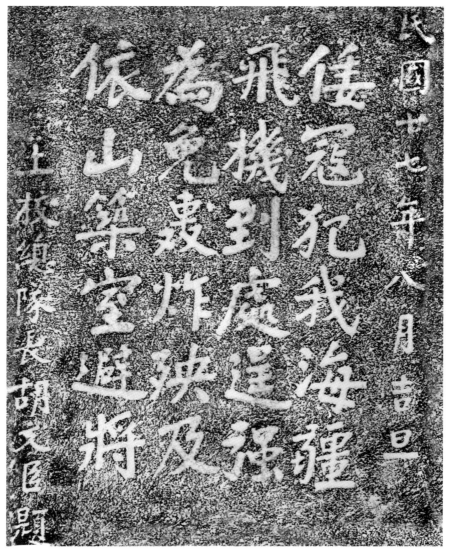

云台山抗日石刻群——东陬山藏军洞题刻

尺寸：藏军洞：宽87厘米、高40厘米、字径17×18厘米

　　　胡文臣题刻：宽79厘米、高97厘米、字径14×14厘米、款径7厘米

时代：民国二十七年（1938）

刻文：藏军洞。

　　　上款：民国二十七年八月吉旦。

　　　正文：倭寇犯我海疆，飞机到处逞强。为免轰炸殃及，依山筑室避将。

　　　下款：上校总队长胡文臣。

背景：　"藏军洞"是1938年国民党少校总队长胡文臣驻守东陬山与日军周旋时修筑的防空工事，它依山而建，利用原本天然洞穴结合人工石墙，顶盖用钢筋混凝土浇筑。

　　　据史料记载，胡文臣（1889－1938），字相卿，天津市杨柳青人。在连云港保卫战中，驻守东陬山。1938年9月24日，在抗击日寇的高公岛战斗中，胡文臣率部与敌寇浴血奋战，固守阵地。他不仅剿匪有功，而且安抚百姓，战功卓著，因"守土有功"晋升为少将。1938年11月，奉调宿迁，阻击徐州东犯之敌，途中遭伏击不幸壮烈牺牲。1982年被民政部追认为革命烈士。

云台山抗日石刻群——围屏山抗日石刻

尺寸：宽108厘米、高66厘米、字径11×15厘米、款径7厘米

时代：民国二十七年（1938）

刻文：正文：云台山顶雾苍茫，此是抗日大战场；百日争夺暂归去，可恨倭儿未斩光。

印款：一九三八年八月，沈阳周从权题。

背景：周从权，生卒不详，辽宁沈阳人。1938年8月连云港保卫战中，率部在大桅尖围屏山一带与日军浴血奋战。

云台山抗日石刻群——鹿场抗日题刻

尺寸：宽92厘米、高81厘米、字径18×20厘米、款径14×15厘米

时代：民国

刻文：正文：人心不死，国必不亡。

　　　落款：岐山。

背景：杨凤鸣，字岐山。1889年生于东海县石榴乡东安村，1959年病逝，享年69岁。幼年时曾在私塾读书，略通文字。1937年
　　　"七·七事变"，抗战的烽火在全国燃起，杨凤鸣老人对日寇的疯狂侵略义愤填膺，毅然投入抗日救亡的大业。抗战期
　　　间，杨凤鸣的大儿庆福、二儿庆禄分别在对日作战中光荣捐躯。杨凤鸣老人历任东海县陇海路北游击总指挥、八路军
　　　一一五师新编独立旅独立团团长、东海县参议院参议长、东海县人民政府副县长。

云台山抗日石刻群——南城东山徒然洞高建华题刻

尺寸：宽67厘米、高94厘米、字径10×10厘米、款径8×10厘米

时代：民国三十五年（1946）

刻文：正文：题徒然洞。蠢尔倭奴，残暴妄动。公理难容，徒留此洞。

　　　落款：民国三十五年春，高建华书。

背景：该题刻位于新浦区南城东山山顶，玉皇宫院内北侧15米处。抗战末期，日寇在凤凰山上修筑工事，以备
　　　决战所用。工程未结束，日军已投降。1946年，国民党驻军一位文职军官高卓然在观看该洞后，将其命
　　　名为"徒然洞"，寓意日寇负隅顽抗，已是徒然。

云台山抗日石刻群——南城东山徒然洞武柏年题刻

尺寸：宽90厘米、高108厘米、字径10×8厘米

时代：民国三十五年（1946）

刻文：正文：题徒然洞。徒作藏身想，倭奴计已穷。一朝同鼠窜，空洞剩山中。

　　　　落款：民国卅五年春武柏年。

背景：武柏年，南城人。

云台山抗日石刻群——南城东山徒然洞高捷题刻

尺寸：宽92厘米、高89厘米、字径9×10厘米

时代：民国三十五年（1946）

刻文：上款：民国卅五年春。

　　　正文：观徒然洞偶感。扶桑倭寇兮扰我邦，穿穴御袭兮徒然忙，血战八载兮洗国耻，河山重整兮日月光，安莫忘危兮继奋斗，纵横宇宙兮当自强。

　　　下款：古燕国桢高捷题。

背景：该题刻位于南城东山山顶，玉皇宫院内北侧15米处。洞高2米，底宽3米，深约10米，可容纳一百余人。抗战末期，日寇在凤凰山上修筑工事以备决战所用。工程未结束，日军已投降。该洞被命名为"徒然洞"，寓意日寇负隅顽抗，已是徒然。

俗风情

　　连云港市地处江苏北隅，是淮扬文化和齐鲁文化的交汇处，南受吴越之风的影响，北有齐鲁文化的渗透，西有楚文化的熏陶。因此，连云港市的地方文化呈现出"百家争鸣、百花齐放"的特征。

　　"石干爸"、"石干妈"是连云港市一种独特民间习俗的产物，是史学界、民俗学界公认的一种原始社会巫术崇拜与灵石崇拜的典型遗存，具有较高的研究价值。

　　"石干爸"、"石干妈"大多采用天然条形石块雕凿而成，表面用生动朴拙的线条刻画有造型迥异的人物形象。有的头扎竖髻、手握宝剑，有的头戴圆边"礼帽"，有的头戴"虎头帽"；有的面容慈善，有的却面露凶相。造型古朴、生动，具有十分重要的历史和艺术价值。

　　据当地居民言讲，每逢重要传统节日或需要祷告之时，村民们便在立石前焚香祈愿，据说有"镇妖辟邪"的作用。一些人家的男孩到了满月或一周岁生日时，父母都会把孩子抱到村中的"石干爸"、"石干妈"面前，摆些糕点、点烛、烧香、烧纸钱、放鞭炮，边磕头边祷告，祈求"石干爸"、"石干妈"把这个孩子当成亲生的儿子，保佑孩子平安免灾。父母祷告完毕后，让孩子向石头喊两声爸爸、妈妈。从此，这个孩子就算拜认干爸、干妈了，直至终生。逢年过节都要到石像面前烧香磕头，尤其是成年和成婚时，一定要前去祭拜。旧时，同一村庄往往是同一宗族，而同一村庄祭拜一块石头为"石干爸"、"石干妈"的人，没有辈分之别。

　　另外，连云港市各地出土的大量纹饰精美的汉画像石也是民俗类石刻的一大分支。所谓汉画像石，实际上是汉代地下墓室、墓地祠堂、墓阙和庙阙等建筑上雕刻画像的建筑构石。所属建筑，绝大多数为丧葬礼制性建筑，因此，本质上汉画像石是一种祭祀性丧葬艺术。汉代画像石是中国古典美术艺术发展的颠峰，对汉代以后的美术艺术也产生了深远的影响，在中国美术史上占有承前启后的重要地位。

　　连云港市这片古老而广袤的土地，深深浸透着楚文化的古韵。汉画像石等石刻艺术品以其风格迥异的雕刻技法、艺术风格以及题材内容，为后世研究我市两汉时期葬俗葬风提供了不可多得的实物依据。

隔村石干妈

尺寸：宽65厘米、高84厘米
背景：位于开发区中云街道隔村。

尺寸：宽46厘米、高119厘米
背景：位于开发区朝阳街道新具村。

新县村石干妈

尺寸：宽46厘米、高119厘米
背景：位于开发区朝阳街道新具村。

西庄村石干妈

尺寸：宽55厘米、高121厘米
背景：位于开发区朝阳街道西庄村。

尺寸：宽40厘米、高132厘米
背景：位于开发区朝阳街道新县村。

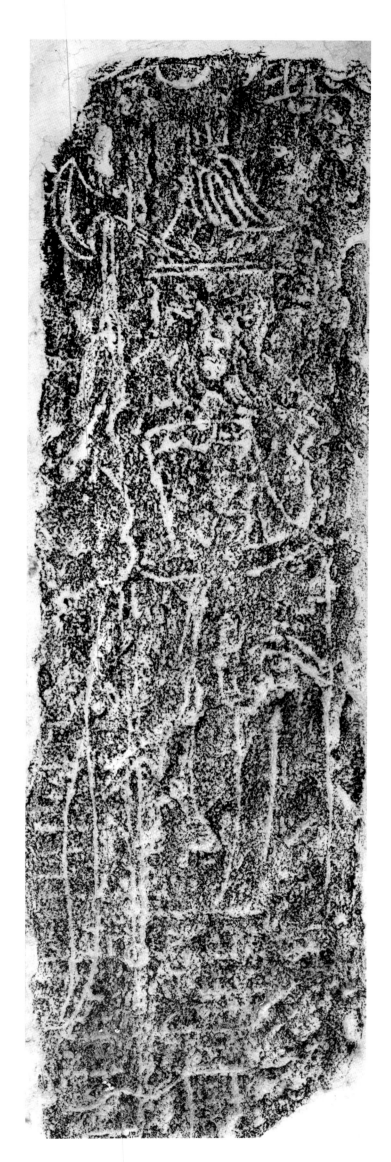

新县村石干妈

尺寸：宽40厘米、高132厘米
背景：位于开发区朝阳街道新县村。

尺寸：宽46厘米、高128厘米
背景：位于开发区中云街道隔村。

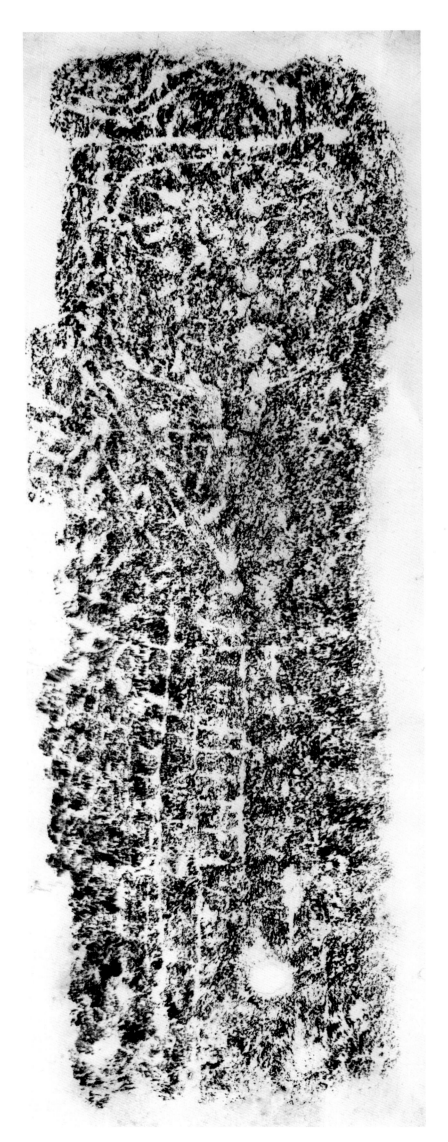

隔村石干妈

尺寸：宽46厘米、高128厘米
背景：位于开发区中云街道隔村。

尺寸：宽43厘米、高98厘米
背景：位于赣榆县金山镇徐福祠内。

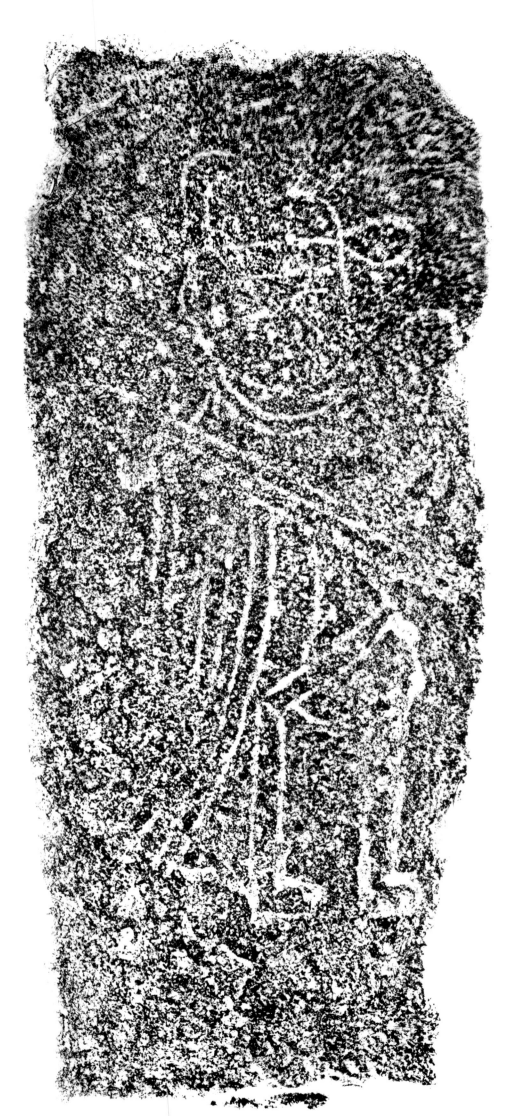

徐福祠石干妈

尺寸：宽43厘米、高98厘米
背景：位于赣榆县金山镇徐福祠内。

徐福祠石干妈

尺寸：宽40厘米、高98厘米
背景：位于赣榆县金山镇徐福祠内。

尺寸：宽44厘米、高101厘米
背景：位于赣榆县金山镇徐福祠内。

徐福祠石干妈

尺寸：宽44厘米、高101厘米
背景：位于赣榆县金山镇徐福祠内。

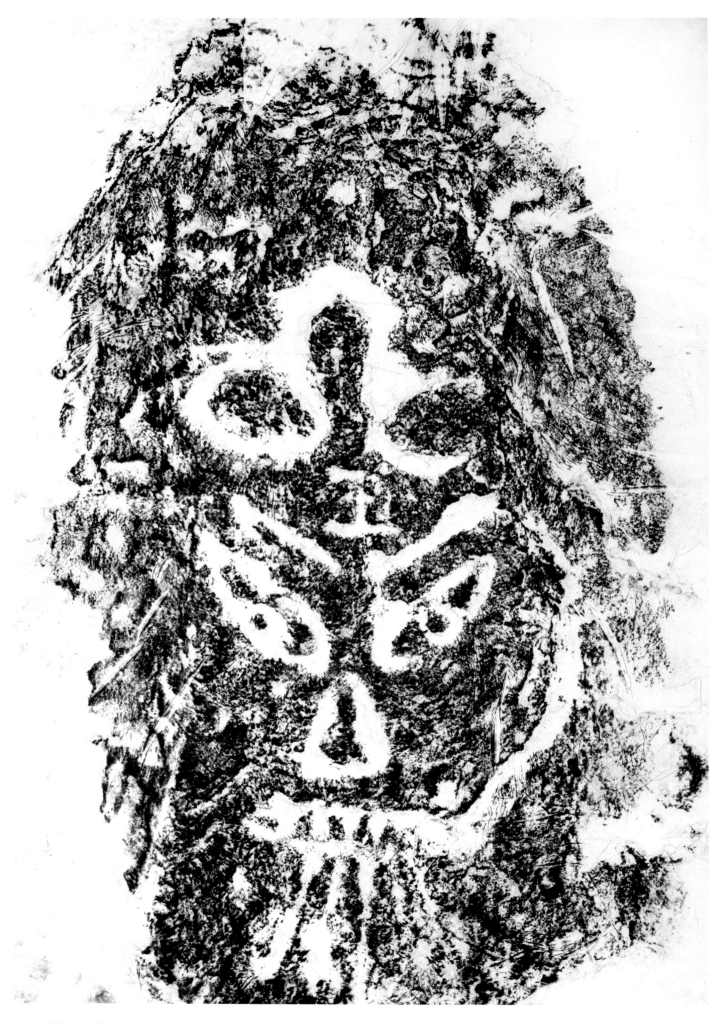

胜利村石干妈

尺寸：宽62厘米、高91厘米
背景：位于开发区中云街道胜利村。

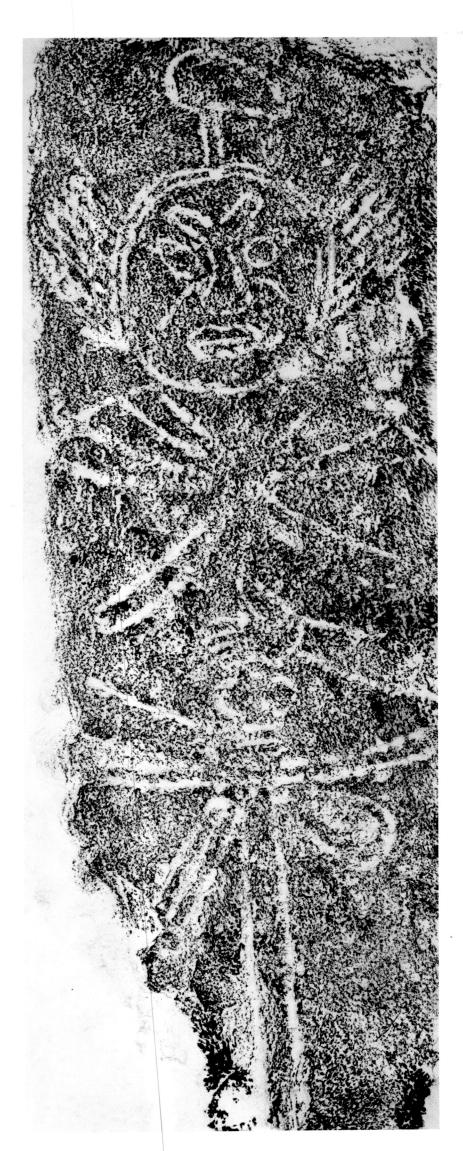

尺寸：宽55厘米、高146厘米
背景：位于开发区中云街道魏庵村。

魏庵村石干妈

尺寸：宽55厘米、高146厘米
背景：位于开发区中云街道魏庵村。

尺寸：宽38厘米、高87厘米
背景：现藏于灌云县博物馆内。

沂北乡门神文官

尺寸：宽38厘米、高87厘米
背景：现藏于灌云县博物馆内。

尺寸：宽38厘米、高96厘米
背景：现藏于灌云县博物馆内。

沂北乡门神武官

尺寸：宽38厘米、高96厘米
背景：现藏于灌云县博物馆内。

背景：位于灌云县伊芦毛场村。

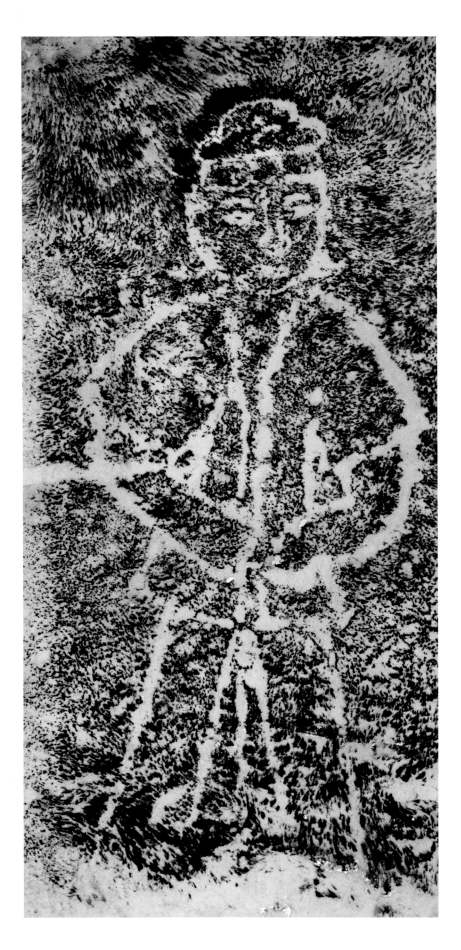

毛场村人物岩画

尺寸：宽45厘米、高96厘米
背景：位于灌云县伊芦毛场村。

"宝相花纹"石雕

尺寸：宽118厘米、高33厘米

背景：位于赣榆县赣马高级中学院内。

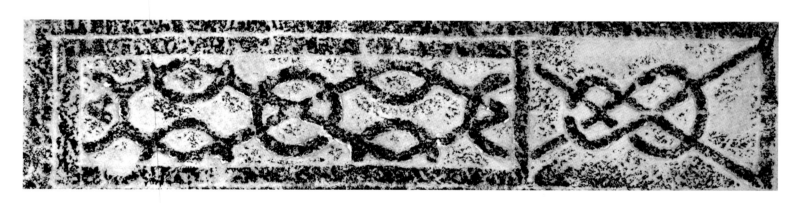

"穿璧纹"汉画石像

尺寸：宽108厘米、高26厘米

背景：位于赣榆县赣马高级中学院内。

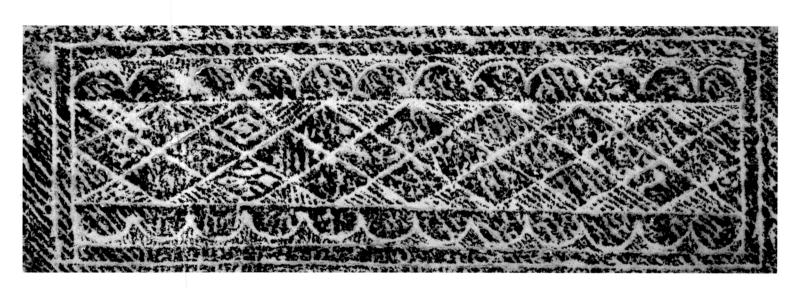

"菱形纹"汉画石像

尺寸：宽110厘米、高38厘米

背景：位于赣榆县赣马高级中学院内。

"龙纹"石雕

尺寸：宽128厘米、高34厘米
背景：位于赣榆县赣马高级中学院内。

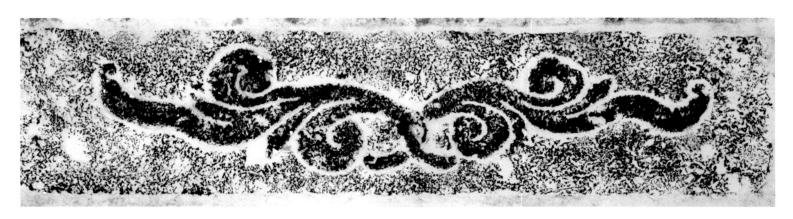

"龙纹"石雕

尺寸：宽119厘米、高22厘米
背景：位于赣榆县赣马高级中学院内。

"楼阁"汉画像石

尺寸：宽173厘米、高40厘米
背景：位于赣榆县赣马高级中学院内。

"瑞兽"汉画像石

尺寸：宽58厘米、高130厘米
背景：位于赣榆县赣马高级中学院内。

"人物" 汉画像石

背景：位于赣榆县赣马高级中学院内。

"人物" 汉画像石

尺寸：宽30厘米、高116厘米
背景：位于赣榆县赣马高级中学院内。

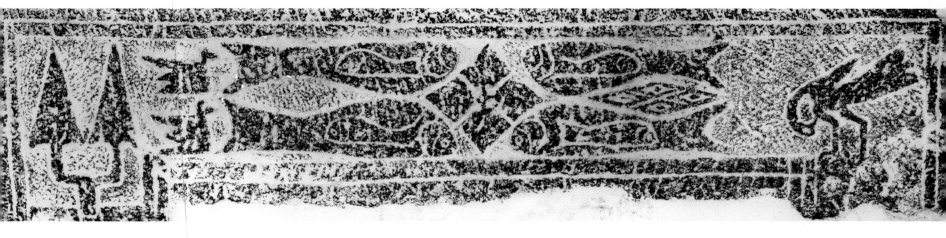

"鱼纹"汉画像石

尺寸：宽175厘米、高40厘米
背景：位于赣榆县赣马高级中学院内。

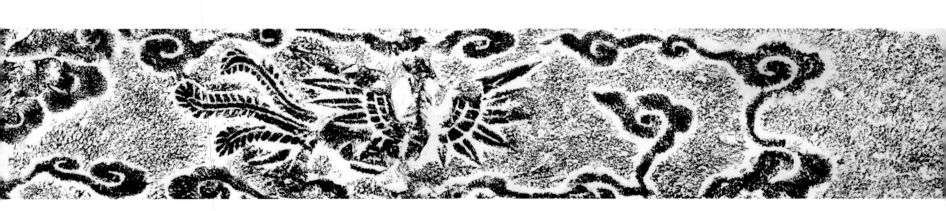

"凤云纹"石雕

尺寸：宽140厘米、高25厘米
背景：位于赣榆县赣马高级中学院内。

"太山并同"刻石

尺寸：宽34厘米、高94厘米
背景：位于赣榆县欢墩镇。

"拜谒图"汉画像石

尺寸：宽158厘米、高68厘米

背景：该画像石于1981年发现于海州区锦屏山西麓的刘顶画像石墓。画像石上阴线刻有四个人像，中间两人对立，戴冠，著长衣，双手前伸捧名帖状物相互拜谒。左侧谒者身后立一持戟状兵器侍从，右侧谒者身后侍从戴尖冠，著长衣，肩扛有棒状物，疑似"箭"。

现藏于连云港市博物馆碑林。

"楼阁人物"汉画像石

尺寸：宽209厘米、高68厘米

背景：1979年4月发现了桃花涧汉画像石墓北壁，阴线刻三个立阙，左右两阙对称，中间阙楼顶端立一凤鸟。阙右边刻一人物，腰佩剑，手拄杖，长须，腰驼而羸瘦。画像石上端用阴线刻菱形图案组成的横带。

"铺首衔环"汉画像石

尺寸：宽68厘米、高107厘米
背景：现藏于连云港市博物馆碑林。

"铺首衔环"汉画像石

尺寸：宽165厘米、高68厘米

背景：1979年4月发现于桃花涧汉画像石墓的墓门上。画像石上刻三个铺首衔环，左侧的铺首仅余耳部。中间的铺首，眼呈杏核状，眉线上挑至额下与鼻线连，鼻呈长方形，下接一副环。两颌分别有胡须四根。头顶呈W形。阴线刻，粗率滞直，构图十分简略。这种带胡须的铺首，在徐州十里铺汉画像石墓中也有发现。右侧铺首与中间铺首略通，但左眼呈方形，两耳下各垂挂一串耳饰，耳饰下悬挂着三角形物。

现藏于连云港市博物馆碑林。

"青龙"汉画像石

尺寸：宽79厘米、高45厘米

背景：位于赣榆县金山镇徐福祠内。

"白虎"汉画像石

尺寸：宽80厘米、高45厘米
背景：位于赣榆县金山镇徐福祠内。

"铺首衔环" 汉画像石

尺寸：宽163厘米、高68厘米

背景：该画像石发现于海州区锦屏镇酒店村画像石墓的墓门上，画像石底面打平，阴线刻有两个铺首衔环。铺首眼睛呈核状，眉线上挑至额下与鼻线相连。两个铺首均带胡须，左侧铺首的衔环呈方形，右侧铺首的衔环呈"U"形。两环内刻有竖直的短线，可能代表牙齿。

现藏于连云港市博物馆碑林。

"伏羲、女娲图"汉画像石

尺寸：宽30厘米、高113厘米

背景：根据中华民族神话传说以及民俗学研究，伏羲、女娲、
　　　神农为上古"三皇"。其中伏羲、女娲为人首龙身（蛇
　　　身），二者成婚，生儿育女，成为人类的始祖，也是中
　　　华民族"龙图腾"的起源。汉画像石中伏羲、女娲常为
　　　人首蛇身交尾的形象，也喻示了二者为"人类繁衍之始
　　　祖"的神话。
　　　现藏于赣榆县金山镇徐福祠院内。

"拜谒图"汉画像石

尺寸：宽87厘米、高51厘米
背景：位于赣榆县金山镇徐福祠内。

人物岩画

尺寸：宽172厘米、高203厘米

背景：该人物岩画石刻位于灌云县大伊山西麓大围山与大龟腰山之间的山脊上，俗称"美女石"。刻石表面平坦，近似圆形，直
　　　径约3米。在该石东侧，有一块与裸露石面呈95°角的西迎招阳石。平面石上刻有大小两尊裸体女像，一副身长156厘米，
　　　四肢伸展，仰面朝天，乳房突出，五官俱全。另一幅身长108厘米，脸部五官刻画分明，唯耳较大。据考证，该岩画的造型
　　　与名称皆喻示了浓烈的生殖崇拜意识，寄托着大伊山先民对部落人丁繁衍的殷殷期盼。

大北村石经幢

尺寸：宽107厘米、高74厘米

时代：宋代

背景：位于灌南县三口镇大北村古来安河北岸的一处农田中，当地百姓在其周围用水泥瓷砖砌起一正方形台基，焚香祭祷。幢顶与幢座皆已佚失。幢身顶端留有一直径约12厘米、高8厘米的石榫，用以固定幢顶。幢身用整块青石凿成，分为上下两个部分，上部为一高80厘米的长方体，东、南、西三面刻有佛像。三幅佛像均身着宽松状法衣。面向南方的佛像，结跏趺坐在莲花形须弥座上，头发垂至耳后，头顶肉髻，面容慈祥；其余两尊佛像，结跏趺坐在椭圆形须弥座上，头顶亦有肉髻，头发垂至肩部。幢身下部为一高80厘米的六棱柱体，六面皆刻有文字，但因刻面损坏较为严重，仅有两面尚可辨识："南无释迦如来"、"南无阿弥陀如来"。

功 德纪念碑

　　去思碑，又称"政德碑"、"纪功碑"、"德政碑"。最早见于《后汉书·窦章传》："贵人早卒，帝追思之无已，诏史官树碑颂德。"后因称歌颂功德的碑刻为颂德碑。唐时封演《封氏闻见记·颂德》："在官有异政，考秩已终，吏人立碑颂德者，皆须审详事实，州司以状闻奏，恩敕听许，然后得建之，故谓之'颂德碑'，亦曰'遗爱碑'，《书》称'树之风声'者，正此之谓。"凡为官者，清正廉洁，造福一方，曰"德政"。中国古代人民为称颂地方官吏政绩而立碑撰文，其立于迁官之后，则曰"遗爱碑"，又称"去思碑"，多用于记述职官的政绩。记武功的一般则题曰"战功碑"或"颂功碑"。

　　民国初年，战乱频繁，土匪横行，海属地区生灵涂炭。民国二年7月，长江巡阅使张勋开赴徐州。11月，以白宝山为第四路统领，带领三个营进入海州剿匪，白宝山自领一个营驻守东海城，苏锡麟领第十三营驻灌云、响水一带，田子刚领第十六营驻守沭阳。民国三年12月，白宝山任海州镇守使，此后白宝山驻守海州十数年，被称为"海州王"。白宝山的属下郑少卿、朱振甲、田子刚在海属地区战功赫赫，当地士民为赞颂其功绩，纷纷树碑立传。这其中的"东海子产"、"陆军少将朱公振甲壮猷"、"明远贾营长伟绩"等纪念碑便是此时的产物。

　　清末民初，中国半殖民地半封建化的社会性质越发显著，阶级矛盾日趋尖锐。一些开明的地主乡绅为缓和社会矛盾，纷纷献力献策，出资扶助。这其中最具代表的便是赣榆县的许鼎霖和灌云县的李味辛。他们承办赈务，浚河疏流，多惠及乡里。百姓感戴其德，立碑颂之。

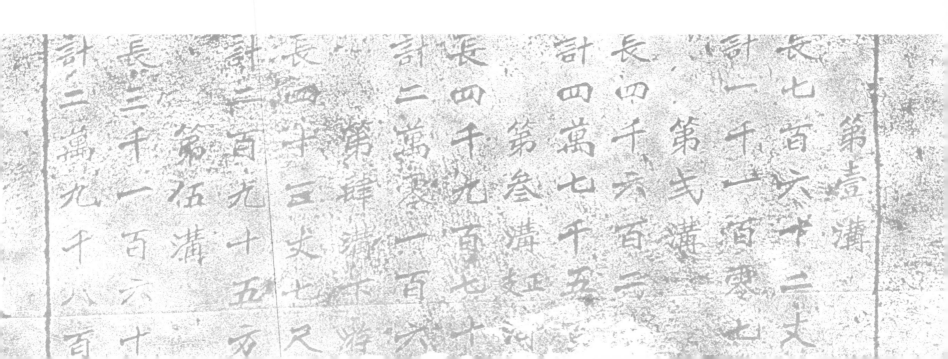

"冰清玉洁"碑刻

尺寸：宽70厘米、高189厘米、字径24×26厘米、款径
7厘米

时代：民国二十三年（1934）

刻文：印额：荣典之玺。

上款：国民政府颁给江苏省赣榆县冯李秀珍。

正文：冰清玉洁。

下款：中华民国二十三年七月，赣榆县县长温
晋城敬书。

背景：温晋城（1890—1969），原名学峤，字晋城，
后以字行，宁都梅江镇人。民国二十三年
（1934）任赣榆县县长，后调升江苏省第五、
第八区行政专员兼东海县县长。
现藏于赣榆县赣马高级中学院内。

"甘棠遗爱"碑刻

尺寸：宽74厘米、高244厘米、字径34×46厘米、款径
　　　9厘米

时代：清·光绪

刻文：上款：麓生恽老公祖大人德政。
　　　正文：甘棠遗爱。
　　　下款：祝其城里、龙庙、柘汪、石桥、朱汪、
　　　汾水六镇士民敬立。

背景：恽龄，字麓生，清光绪三十二年（1906）任赣
　　　榆县县令。甘棠是棠梨，遗爱是遗留恩泽。
　　　"甘棠遗爱"旧时用于颂扬离任的地方官。
　　　现藏于赣榆县赣马高级中学院内。

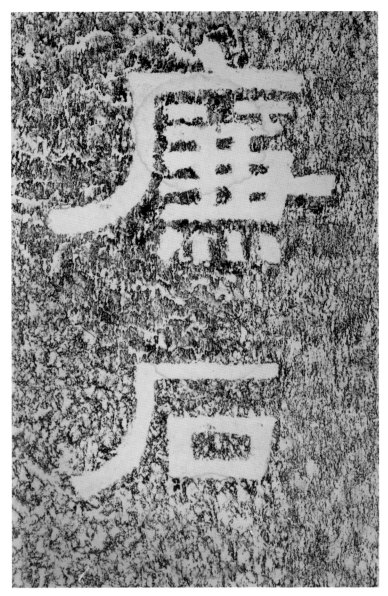

郁林观石刻群——"廉石"题刻

尺寸：宽67厘米、高107厘米、字径42×52厘米

时代：不详

刻文：廉石。

背景："廉石"一词源起三国。说的是孙权部下太守孙绩，
　　　任满还家时，因全部家当不满一船，船吃水太浅无法航
　　　行，只好搬了岸上一块大石压船，才得以顺利返家。廉
　　　石，比喻其清廉的家风。

王耀斋去思碑

尺寸：宽58厘米、高152厘米、字径7×8厘米、款径7×6厘米

时代：清·光绪三十一年（1905）

刻文：碑额：去思碑。

　　　上款：光绪三十一年七月立。

　　　正文：耀斋王老公祖大人德政。

　　　下款：新坝镇、小伊山士、农、工、商仝叩。

背景：王曜，字耀斋，安徽六安人，光绪三十年（1904）署任
　　　海州直隶州知州。

我族八世曰槑公元配鄭氏殉捻匪難彙
旌烈節繼配劉氏未三年公故氏孀守
旌恤節苦風清額民國四年創建宗祠西缺地三尺氏將住
宅折讓以成祠址並將瓦屋十間高巔庄林地七畝身後概
捐入祠以供祭掃族人推其賢立碑為誌每屆祭期設祭以
祀永垂不朽云

中華民國五年九月　穀旦

"周刘氏捐地建祠" 碑刻

尺寸：宽58厘米、高168厘米、字径5×6厘米

时代：民国五年（1916）

刻文：正文：我族八世曰槑公，元配郑氏殉捻匪难，汇旌烈
节。继配刘氏，未三年，公故，氏孀守。旌恤节苦风
清额。民国四年创建宗祠，西缺地三尺，氏将住宅拆
让以成祠址，并将瓦屋十间、高巅庄林地七亩，身后
概捐入祠，以供祭扫，族人推其贤，立碑为志，每届
祭期设祭，以祀永垂不朽云。
落款：中华民国五年九月 谷旦。

背景：赣榆青口镇周曰槑遗孀刘氏，让地建宗祠，族人感其
贤，为其立碑。
现藏于赣榆县赣马高级中学院内。

"匪靖民安"碑刻

尺寸：宽58厘米、高185厘米、字径23×25厘米、款径4×6厘米

时代：清·光绪十三年（1887）

刻文：上款：子良特老公祖大人德政。

正文：匪靖民安。

下款：光绪拾叁年二月 阖邑敬立。

背景：特秀，字子良，满洲镶红旗人，同治戊辰（1868）科进
士，光绪元年（1875）任赣榆县令，光绪七年（1881）回
任，至光绪十三年（1887）离任。赣榆地处苏北，清末时
匪情严重，此碑是当地民众为感激县令特秀剿匪安民和政
绩而立的。

现藏于赣榆县赣马高级中学院内。

"儒学正堂胡老夫子"碑刻

尺寸：宽58厘米、高163厘米、字径13×11厘米、款径5×6厘米

时代：清

刻文：儒学正堂胡老夫子去思碑。夫子讳翼，号筠亭，余杭人也。□□□□□□□□□□□□□钦授湖北武昌府东湖县令，邑人怀之，□其遗范□□□□□□夫子薰陶五典，鼓吹六经，建沭邑之黉宫，船培道□□□□永鑑独振儒宗监赈勘灾茆□□公万灶□捐减□芸□□千灯，节不渝金，政堪汗竹，爰勒宫墙片石□□□三十□□乾隆十九年，岁次甲戌六月谷旦，邑人士百拜立石。

背景：胡翼，浙江余杭人，清乾隆间赣榆县教谕。现藏于赣榆县赣马高级中学内。

碑额：明祀碑

九世祖崑崖公林中挺木，经族众公议出售契买
高巅庄地二十三亩七分二厘作为祭田后以距
离较远地界常有不清之事，得十七世孙秀林之
同意将己身附近茔田二十三亩九分五厘七交换
旧有祭田，以便照料兹将地段弓科四至与茔基
地一并刊石，以垂久远特识
孙少村撰书
中华民国二十六年四月上浣三长房族众公立

"明祀碑"碑刻

尺寸：宽58厘米、高160厘米、字径14×14厘米、款径
　　　5×7厘米
时代：民国二十六年（1937）
刻文：碑额：明祀碑。
　　　正文：九世祖崑崖公林中树木，经族众议出
　　　售，契买高巅庄地二十三亩二分七厘作为祭
　　　田，后以距离较远，地界常有不清之事，得
　　　十七世孙秀林之同意，将己身附近茔田二十三
　　　亩九分五厘七交换旧有祭田，以便照料。兹将
　　　地段弓科四至与茔墓地一并刊石，以垂久远，
　　　特识。孙少村撰书。
　　　落款：中华民国二十六四月上浣，长、二、三
　　　房族众公立。
背景：作者无考。
　　　现藏于赣榆县赣马高级中学院内。

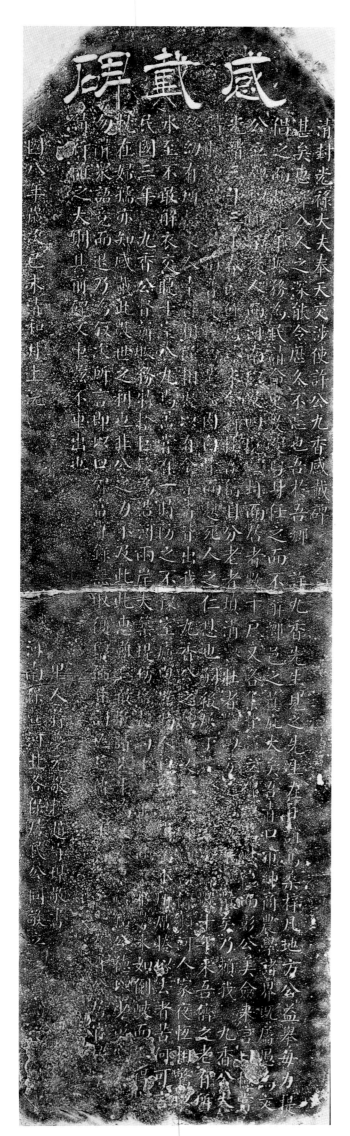

"许公九香" 感戴碑

尺寸：宽72厘米、高253厘米、字径15×14厘米、款径4×5厘米

时代：民国八年（1919）

刻文：碑额：感戴碑。

正文：清封光禄大夫奉天交涉使许公九香感戴碑：甚矣，惠泽入人之深能令历久不忘也。吾于吾乡许九香先生见之，先生在日，谊笃桑梓，凡地方公益举，每力提借之。而□荒年赈务，为民请命，□□□□身任之而不辞，乡邑之获庇大矣！吾青口市绅、商、农、学诸界，既属愚为文，公立碑，以□□后人，而河南□没四境，环圩而居者数千户，又各集赀议立碑，□□□德，而彰公美金，未言日忆，当光绪三十三年春□□□□□□□□□自分，老者填沟壑，壮者散四方，□□□□虽散矣，乃赖我九香公大请赈□□□□□□□□□□□□□而起死，人之仁恩也。嗣后，屡丁□□□□□数十年来，吾侪之老有所终。幼有所□。家人幸得州□州□以有今□者，皆出我九香公之□□□□□□□侪，濒河人家夜恒相惊□水至，不敢解衣交睫，十室八九焉。□尝有一时防之不豫，室庐内□□□□□□□□□□所席卷以去者，苦何可言？民国三年，九香公督办赈务。特拔巨款为沿河两岸大筑堤坊，□□□□□□□□□水势来如倒峡，而□得□枕在，妇孺亦知感戴，此数世之利也，非公之力不及此，此惠虽忘敢敷请□□□□□□□铭公德以少彰□□□勿□众语竟而退，乃为叙次，所言即以日□□□实录，无取复增备，其□已□□□□□□□九香公居官□□□绩行之大，则其前碑文中兹不重出也。

落款：里人蒋梦元敬撰，赵守堞敬书。民国八年，岁次己未清和月上浣，河南保暨河北各保居民公同敬立。

背景：许鼎霖，字九香，赣榆青口镇人，清末历凤阳令、奉天交涉使等职。为清末民初江北著名实业家。曾承办赈务，浚河疏流，惠及乡里。百姓感戴其德，立碑颂之。

现藏于赣榆县赣马高级中学院内。

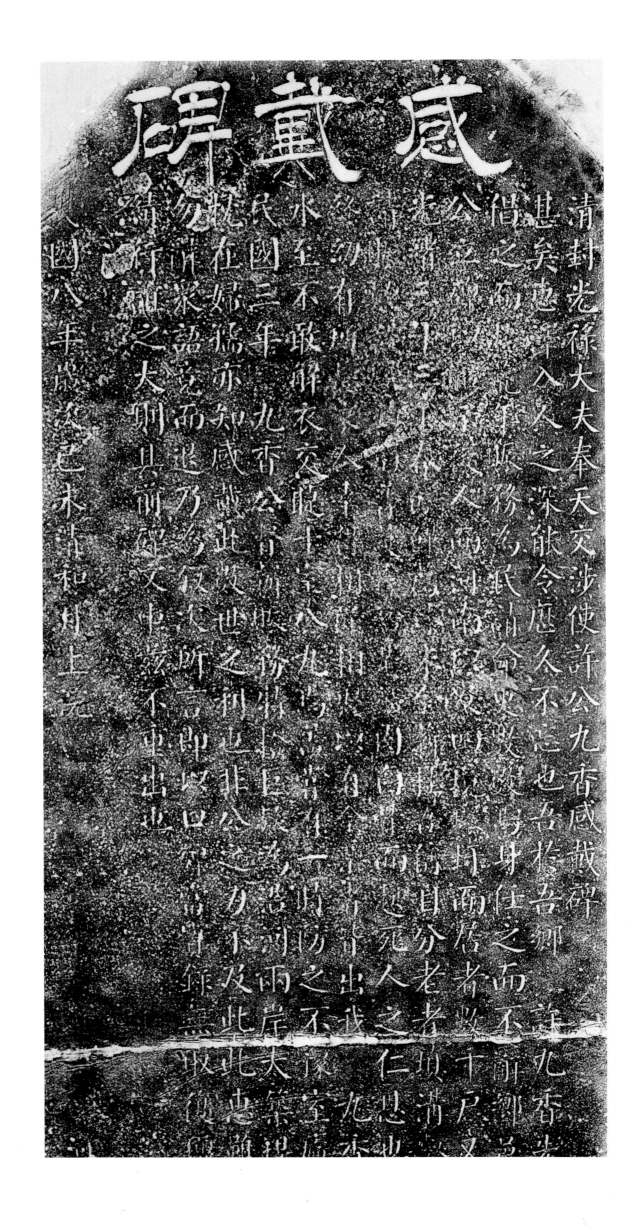

"东海子产"纪念碑

尺寸：宽68厘米、高176厘米、字径22×16厘米、
　　　款径8×10厘米

时代：民国十三年（1924）

刻文：碑额：纪念。
　　　上款：陆军少将郑公少卿 伟绩。
　　　正文：东海子产。
　　　下款：民国甲子年冬月日，灌云新莞市全体
　　　公颂。

背景：郑少卿，陆军少将，淮北缉私营营长。子
　　　产，又称国侨、公孙侨，是春秋时郑国大
　　　臣，品德高尚，治国有方，极受郑国人民爱
　　　戴。
　　　现藏于灌南县博物馆。

朱振甲纪念碑

尺寸：宽68厘米、高216厘米、字径18×22厘米、款径8×10厘米

时代：民国三年（1914）

刻文：碑额：纪念碑。

上款：民国三年十月。

正文：陆军少将朱公振甲壮猷。

下款：新莞市绅、商、农、学界公颂。

背景：朱旭东，又名绪东，字振甲。陆军少将，定武军第四十营管带，隶属海州镇守使署。

现藏于灌南县博物馆。

贾明远战功碑

尺寸：宽68厘米、高180厘米、字径11×17厘米、款
　　　径6×8厘米

时代：民国二年（1913）

刻文：碑额：战功碑。

　　　上款：民国二年二月 日。

　　　正文：明远贾营长 伟绩。

　　　下款：阁镇公立。

背景：此碑于2013发现于灌南县新安镇，贾明远，
　　　生平不详，按其驻军年代，应为江北护军使
　　　刘之添署第19师下属的部队将领。
　　　现藏于灌南县博物馆。

田子刚纪念碑

尺寸：宽68厘米、高226厘米、字径13×18厘米、款径8×11厘米

时代：民国三年（1914）

刻文：碑额：纪念碑。

上款：民国三年一月。

正文：陆军少将田公子刚 伟烈。

下款：新莞市绅、商、农学界公颂。

背景：田玉坤，字子刚，一字志刚。陆军中将，海州镇守使十六营
管带，驻守沭阳一带。民国六年（1917）沭阳兵变后离开沭
阳，后陆续任团长、旅长等职。民国十六年（1927）至东海
县新浦为北伐军策反旧部时遇害。
现藏于灌南县博物馆。

"泽衍周行"纪念碑

尺寸：宽68厘米、高187厘米、字径26×35厘米、款径
  11×12厘米

时代：民国九年（1920）

刻文：碑额：纪念碑。
  上款：陆军上校赵公云卿 倡修。
  正文：泽衍周行。
  下款：民国九年十月 日新莞市公颂。

背景：赵云卿，生平不详，按时间来判断应为海州镇守
  使白宝山手下将领。周行指大道、大路。泽衍周
  行就是指修路惠及当地百姓。
  现藏于灌南县博物馆。

汪剑星去思碑

尺寸：宽68厘米、高182厘米、字径14×12厘米、款径
　　　6×7厘米

时代：清·光绪三十三年（1907）

刻文：碑额：去思碑。

　　　上款：光绪三十三年六月谷旦。

　　　正文：剑星汪大公祖德政。

　　　下款：新安镇绅、商、士、庶公颂。

背景：汪树棠，字剑星，浙江余杭人，光绪三十三年
　　　（1907）署任海州直隶州知州。
　　　现藏于灌南县博物馆。

"惠溢枌榆"碑刻

尺寸：宽90厘米、高208厘米、字径31×34
　　　厘米、款径8×10厘米

时代：民国二十年（1931）

刻文：上款：月川邵三先生清品。

　　　正文：惠溢枌榆。

　　　下款：墟沟、苍梧北两乡公立。中
　　　华民国二十年三月谷旦。

背景：邵会印，字月川，灌云墟沟镇（今
　　　属连云港市）士绅，因云森树艺公
　　　司强行封山，不许山民进山砍柴，
　　　邵会印为民请命，因而得罪云森公
　　　司经理许鸿文，被诬入狱，出狱后
　　　背景离乡。当地民众感其德，为之
　　　立碑颂扬。枌是一种榆树，枌榆泛
　　　指家乡。

　　　现藏于连云港市博物馆。

"张公鹤书遗爱碑"碑刻

尺寸：宽95厘米、高245厘米、字径28×31厘米、款
　　　径7×9厘米

时代：民国十三年（1924）

刻文：上款：民国十三年十月。

　　　正文：张公鹤书遗爱碑。

　　　下款：灌云北五乡公立。

背景：名医张克衔，字鹤书，生于成丰五年
　　　（1855）十月二十八日，于民国十三年
　　　（1924）八月二十八日去世，享年七十岁。
　　　碑文书写刚劲厚重、端庄有力，又富含韵
　　　味，对张鹤书热心公益，以医术惠及乡里的
　　　一生进行了高度评价，表达了灌云北五乡的
　　　乡民对张鹤书的崇敬和怀念之情。
　　　现位于开发区朝阳街道办事处院内。

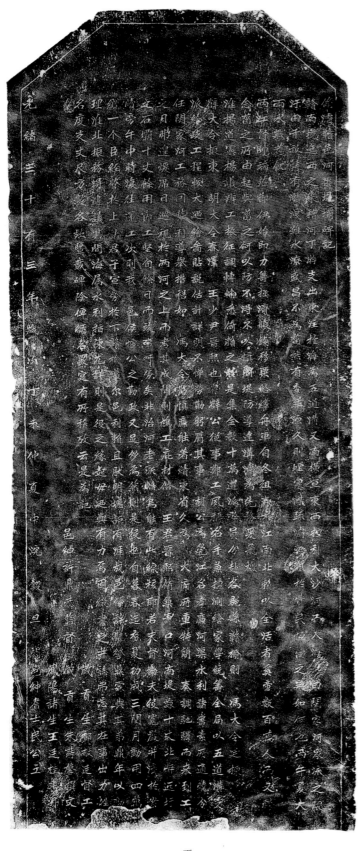 

正　　　　　　　　　　　　反

宋庄"修濬赣邑河渠堤坝碑记"碑刻

尺寸：宽89厘米、高187厘米、字径3厘米

时代：清·光绪三十三（1907）

碑文：（正面）

正文：修濬赣邑河渠堤坝碑记　赣南境迤西之朱稽河下游支出，东注于海，为五道沟。又南横亘东西，控引大沙河而入海，乃曰阚家河。众流之隈，污田千亩，恃有潴泄，虽水潦盛昌不为灾。然有委无源，久则埋塞。谋疏濬，轸艰于赀，民恒怨之，无如何也？丙午夏，大雨水，岁荐饥。两江督帅端莅节伊始，即力筹拯济赈钱移粟，给绎舟车。自冬徂春，大江南北，赖以全活者奚啻数百万人。而又轸念灾之所由起与灾之何以防，不得不以慎固堤防、导达沟渎为先务，爰飞檄淮扬道宪杨，议办工振，征调转输，悉倚赖之。于是集金数十万，遴派干员分赴各郡县。赣榆则冯大令廷栋、薛大令振东、胡大

局部

令春泽、王少尹晋熙也。薛公从事郑工，凤称名手，兼擅测绘家学，统筹全局。以五道沟支派纷歧，工程较大，乃绘图贴说，估计详明，不惮劳勚，躬肩其事。胡公为皖江名孝廉，河渠水利诸书，素所通晓，分任闵家河工务，因势利导，举措裕如。冯大令勤慎廉能，著绩东省，久为大府所重。特简奏调，驰驿而来。到工之日，弗遑煖席，日巡视于两河之上。而考其成，间则鸠工庀材，偕王君晋熙修筑青口河南堤数十丈，北岸近圩之石坝十丈余，用节工坚，旬余日而竣事。吁！劳矣，非治河老斫轮，乌能有此综核耶。若夫督劝夫役，宽严并济，于案牍旁、午中时复往还工。次则我邑侯恒公之勤政，又足多焉。然则是役也，自暮春迄初夏功成，三阅月，动用四万缗，一个臣经营于上，诸君子宣劳于下，赣榆蕞尔，邑利赖，且胝明德，讵有涯哉。邑绅许观察鼎霖与其弟鼎年，以动义理淮北振务，得建议其间，海属水利，指陈尤详，则是役之缘起，毋乃与有力焉。因缀书之，并志弗忘。其在事出力姓名、度支、丈尺、方数各款，暨载碑阴，俾循名核实，有所稽考云。是为记。

落款：岁贡生祁献廷督工，邑绅许鼎恭监督，岁贡生朱蒔馨撰文，凤阳诸生王廷桂书丹。光绪三十有三年岁次丁未仲夏中浣谷旦，合邑绅耆士民公立。

（反面）
第壹沟 长七百六十二丈五尺，计一千一百零七方三分七厘五；

第贰沟 长四千六百二十丈，计四万七千五百五十二方六分；

第叁沟 正支河 长四千九百七十七丈五尺五寸，计二万零一百六十九方零二寸；

第肆沟 下游 长四十三丈七尺五寸，计二百九十五方三分一厘二毫；

第伍沟 长三千一百六十九丈七尺二寸，计二万九千八百零八方四分五；

闵家河 长二千九百六十丈，计二万二千三百七十二方零三寸。

青口堤坝
王家楼堤长七十七丈，用土四千一百九十二方八分六厘；

西大湾堤长二十丈，用土二百五十七方九分二厘；

小南门坝长十一丈，用砖一万五千块，用灰一万零九百七十一觔。

五沟督工绅董司账；闵河督工绅董：刘树森、李献瑜、乔廷忻、胡守训、丁惟璋、乔崇恩、祁臣弼、许廷信、乔家勋；青口堤坝督工绅董：徐嘉琛。

背景：光绪三十二年（1906）夏，接连的暴雨导致淮沭沂泗诸流一齐泛滥，海水倒灌，徐淮海50余万灾民蜂涌至清江浦。据《清史编年》载："五六月间，江苏特大水灾，尤以苏北为重，灾民达七百余万。仅至清江之饥民即达四十九万。"被誉为江北名流之一的许鼎霖在担任导淮赈灾官员期间，募款赈灾，疏通朱稽河。赣榆人民戴其恩德，立碑以为纪。

现位于赣榆县宋庄。

李味辛盐业纪念碑

尺寸：宽84厘米、高56厘米、字径5×4厘米、款径3厘米

时代：民国二十四年（1935）

碑文：正文：在昔淮北盐区，半沦枭窟，官商交困。税产俱绌。李先生味辛，慭然忧之，爰斥巨资，聘德员勘测埒子口，筑徐圩码头，用力之勤，闻者叹服。近岁业务大启，运道无虞，坨地既立，官贾咸便。建设固成，自公家而创始，则由于先达。人虽云没，惠胡能忘，谨建碑纪事，用资纪念。

落款：中华民国二十四年二月一日，江恒源撰文，中正场盐业同人及劳工界全体公立。

背景：李味辛，名道心，灌云中正街人（今海州区板浦镇中正社区）。生于清光绪元年（1875），卒于民国十七年（1928）。光绪年间考中秀才，后在龙门师范就读卒业，是当时淮北盐区德望与才名并著的开明垣商。

全碑隶书阴刻，碑材为汉白玉。

现藏于灌云县博物馆。

"砥砺廉隅"碑刻

尺寸：宽69厘米、高183厘米、字径35×38厘米、款径
 5×6厘米

时代：民国二十五年（1936）

刻文：上款：百川陈老先生七十荣庆。

 正文：砥砺廉隅。

 下款：民国二十五年古历五月二十三日东灌沭
 淮公祝。

背景：陈锡朋，字百川，灌云县盐河东陈楼（今白蚬
 乡陈楼村）人。清末廪生，辛亥革命前夕留学
 日本，毕业于日本早稻田大学史地系。民国伊
 始，海灌分治，陈百川以省参议员身份从中斡
 旋，最终成功使灌云县脱离东海县管辖。抗战
 爆发前，陈百川自费兴建百川小学，为陈楼地
 方教育事业作出了突出贡献。1936年"东灌沭
 淮"社会各界为庆贺陈百川先生70寿辰，特立
 此碑。

"一乡保障"碑刻

尺寸：宽69厘米、高174厘米、字径28×25厘米、
　　　款径6×7厘米

时代：民国十四年（1925）

刻文：碑额：东海。

　　　上款：子丹议长张先生德政。

　　　正文：一乡保障。

　　　下款：民国乙丑年六月谷旦里人公立。

背景：张子丹（1860-1934）字德镇，又名保
　　　相，海州新坝人。张子丹体恤民难，热心
　　　于赈济体恤民难，热心于赈济荒户，深得
　　　民众钦佩。民国十四年（1925），当地乡
　　　民感其恩德，为张子丹立纪念碑一座。

板浦"皇清署理海州直隶州州同朱公去思碑"碑刻

尺寸：宽80厘米、高185厘米、厚22厘米、篆额8×6厘米、字径3×4厘米

时代：清·光绪二十五年（1899）

刻文：篆额：皇清署理海州直隶州州同朱公去思碑。

正文：光绪二十有四年，吾州大饥，板浦州首，聚流民止焉。时丰稔久，荒政无讲者。旌德朱公元羹，以江苏县丞奉檄弹压我板浦，始至，则筹急赈饭饥人，区画劳劳，靡有宵旦。浦人德公，为请于大府而留之。明年春，饥尤甚，公踵仍旧法，增修而重施之，故岁荐饥，饥人得无害。其他善政如置义冢、施棺药、清陌路不具述，述其大者。於戏！吾乡有州同之职旧矣，自咸丰末改缺为差，莅是任者恒传，舍是官而胡越，斯民宵餚昼攫，好自为计民机，遇饥欲死，官饱亦欲死，如公之拯民饥、救民死，而不顾已之饥，且欲死，岂概见哉。夫哀鸿中泽，维哲劬劳，绵葛河溽，谓他父母。人非草木，孰有身受而不生其感者乎！是年秋，公将受代，借寇之计，未遂于攀辕；微管之功，敢忘于服臆。爰碑公绩而铭之。铭曰：戊戌春，岁在木。嗷者鸿，铤者鹿，匪公谁设都亭粥。公今一去不可复，后之来者翳公绩。

落款：优廪生丁锡福撰文，盐大使李鼎篆额，廪监生邱心澄书丹。光绪二十有五年，岁次屠维大渊献壮月谷旦，绅士公立。

背景：碑文记述了光绪二十四年至二十五年间（1898—1899），海州地区连续遭受自然灾害，江苏县丞朱元羹放粮救饭的政绩。光绪二十四年秋收时节，海州发生水灾。人民生活没有着落，大量的难民集聚在板浦，成为流民，江苏县丞朱元羹被派到板浦来镇压"流民"。朱元羹来到板浦看到灾民的凄惨景象，没有动用兵力，而设亭赈饭，使"流民"摆脱死亡，度过难关。第二年春，饥荒更为严重，朱公沿用去年的做法继续赈饭，安置和疏导"流民"，还给生病的"流民"治病施药，用棺埋葬死亡的"流民"。朱公离任后，板浦的绅士为其共立"去思碑"，以兹纪念。此碑原位于板浦西大街，方首方座，全文总计355字。1998年灌云县板浦中学建设教师楼挖基础时被发现。

现存于灌云县博物馆院内。

"后先济美"碑刻

尺寸：宽68厘米、高226厘米、字径31×40厘米、款径4×5厘米

时代：民国二年（1913）

刻文：上款：恭颂 纬臣王老先生 德政。先生兰邑人也，先大人捷
　　　三公，当洪杨造逆时，曾以数十兵力，保赣城于阽危厥，德
　　　茂天下，今六十年矣。赣邑土匪又复扰乱，先生独以数百兵
　　　力扶持之，妇孺感德，用是勒石以志。

　　　正文：后先济美。

　　　下款：金山、夹谷市公立。中华民国二年六月中浣 谷旦。

背景：王佐良之父王得胜（字捷三）位清代总兵，曾在赣榆抵抗捻
　　　军，王佐良又在赣榆派兵剿匪，保境安民，故称"后、先济
　　　美"，歌颂王氏父子两代的功绩。

　　　现藏于赣榆县赣马高级中学院内。

王耀斋去思碑

尺寸：宽61厘米、高194厘米、字径12×13厘米、款径5×8厘米

时代：清·光绪三十一年（1905）

刻文：碑额：去思碑。

上款：耀斋王老公祖大人 德政。

正文：恨公来晚去速，喜公除暴安良。感公勤劳不懈，尊公过人胆量。

下款：光绪三十一年六月谷旦，阖境士民公颂。

背景：王曜，字耀斋，安徽六安人，光绪三十年（1904）署任海州直隶州知州。在任期间曾发生德舰入窥东西连岛事件，王曜不畏强寇，上奏朝廷，请兵防范，德舰始退，保护了国土不受侵犯，"胆识过人"句应指此事。

跋

　　金石学中所谓的石刻，主要是指在岩石上的刻划文字、符号、图案等，是中国文化遗产的重要组成部分。素有"淮海东来第一城"之称的古海州，地处"南蔽江淮，北控齐鲁"和海、陆丝绸之路的交会点，区位独特，历史悠久。秦、汉、唐、宋、元、明、清，地表与地下遗存的古迹极为丰富，其中尤以石刻为甚。种类之齐全、分布之广阔，在整个江苏省都是极其罕见的。

　　我国的拓片技艺历史悠久，传拓技术起源始于何时，学术界至今尚无定论。其首创时代一说为南朝时期，南朝虞龢著《论书表》就有"繇是拓书，悉用薄纸"之说，说明传拓技术至今已有一千多年的历史了。另一种说法认为最晚为唐代初年，有资料显示，唐代捶拓石刻的记载有诗人韦应物的《石鼓歌》，还有墨字题跋"永徽四年（653）八月，围谷府果毅儿"的唐拓本《温泉铭》和敦煌发现的唐代碑刻拓本实物（现分别收藏于法国、英国）。这些珍贵的资料，可佐证碑刻拓片最晚产生于初唐时期。另据《辞源》载"传世拓本以敦煌石室所出唐初拓《温泉铭》及化度寺《邕禅师塔铭》为最早，都有影印本"，由此足证我国之传拓技术由来已久。拓片大致可分为三类：乌金拓、蝉翼拓和朱拓。根据石刻不同的艺术风格采用不同的拓法来表现石刻的艺术特征。

　　目前国内以拓片为主要内容出版的大型图录中，以碑刻、墓志的汇编为多。这些著作，从丰富的历史文献资料和生动的画面，为历史、文物、考古、艺术、建筑、宗教等许多学术领域提供了极为宝贵的资料及研究成果。但这些著作多以搜集和整理前人拓片摹本或照片为主，缺乏实践和原创。

　　连云港市重点文物保护研究所作为我市地面不可移动文物的保护、研究机构，多年以来致力于全市地面石刻的调查、整理、保护与拓片工作。从2011年开始，连云港市重点文物保护研究所组织相关人力，对全市范围内的地面石刻进行了逐一的排查、保护与拓片。经过近3年的辛勤工作，共制作石刻拓片千余张，成绩斐然。在完成室外拓片工作后，连云港市重点文物保护研究所还组织大批专家、学者和文物工作者开展整理校对工作，将内容庞杂的石刻拓片按时代的先后顺序分类整理，所有石刻拓片均有原刻照片、刻文及必要的考释说明。

　　这些珍贵的石质文献记载了历代政治、经济、军事、文化、民族、文化艺术、宗教与民俗等史实，是证史、考史、补史难得的孤本资料，也是研究汉字从篆书到隶书、魏碑直至楷书发展过程的第一手资料。连云港市地面石刻文物从内容上大致可分为三大部分：

　　第一部分是新石器时代的星象岩画与刻划符号；

　　第二部分是具有极高艺术与学术价值的佛教造像；

　　第三部分是具有重要历史研究价值和书法艺术价值的历代名人游记及叙事题刻。

　　连云港市地面石刻文物时间跨度久远，内容丰富多样，从新石器时代反映原始社会农耕文明的将军崖岩画到表现古人类对天象、星辰朦胧认识的星象岩画；从汉代反映儒释道三教合一的孔望山摩崖造像到体现大唐盛世时期佛教造像艺术的伊芦山六神台力士浮雕；从宋金交战时期誓死保卫疆土的招信军题刻、战船岩画到大伊山元代梅花鹿岩画；从汉代弥足珍贵的界域刻石，唐代《东海县郁林观东岩壁纪》、宋代《祖无择三绝碑》，金元时期的《新设山路记》以及《赵福题刻》、《曾寿题刻》与《廉青山题刻》；从明清盛世的王同、廖世昭、钱泳、师亮采、陶澍等博学鸿儒到民国抗战时期的曾锡珪、李志亲、冯岳、胡文臣等抗日将士，这些石刻无论从历史研究还是书法艺术的层面，无一不是连云港市悠久历史与深厚文化的真实写照。

拓片不仅具有重要的学术研究价值，而且还具有雅俗共赏的艺术价值。古代许多已散佚和毁坏的碑刻，正是因为有了拓片的传世，才能供我们现在的人研究和欣赏。宋以后虽然不断有金石学者辑录，但因历史的局限，或篇章缺佚，或录文舛误，或记述失当，都没能留下一部反映整个石刻艺术演变的专著。

新中国成立以来，连云港市相继发现了一大批古代石刻，来自政府与民间组织的相关学者在保护与研究方面做出了大量的工作，但始终未系统地整理出版相关的专业著作。

《石上墨韵——连云港石刻拓片精选》在编辑过程中，得到了连云港市文化广电新闻出版局、赣榆县博物馆、东海县博物馆、灌云县博物馆、灌南县博物馆等兄弟单位以及连云港市文物保护学会的广大志愿者、全省考古与文物工作者的支持和帮助，在此我们一并致谢。因时间仓促，本书在收录、编撰中，肯定会有一些遗误，敬请有关专家及读者批评指正。

连云港市文化广电新闻出版局局长

后记

每当漫步云台山中，陶醉于奇峰秀水、幽谷险壑的同时，那一幅幅内涵丰富、意境隽永的摩崖石刻常常令我们驻足观赏、流连忘返。作为港城文化遗产不可或缺的组成部分，遗存在我市诸多山崖中的千余方摩崖石刻，有的赋诗咏景，有的撰文抒志，有的纪游纪胜，展示着港城山川博大精深的历史文化，记叙着港城的发展与变迁。

拓片，作为一种古老的传统技艺，至今已有千余年历史，是记录中华民明的重要载体之一。在数码摄影、摄像技术大行其道的现代社会，传统的拓片技艺已渐行渐远。然而拓片可以清晰、真实地再现古代书法、雕刻、绘画艺术的神韵，这又是现代科技所无法比拟的，因而它必将继续在文化遗存的展示中继续发挥着重要的作用。

从2011年9月起，连云港市重点文物保护研究所的工作人员顶严寒、冒酷暑，上山下乡，不辞辛劳，攀爬在港城的高山峻岭之间，重拾几近被人淡忘的传统拓片技艺，对连云港市各大山头中的上百处地面摩崖石刻实施了技术保护和拓片工作。在这次拓片过程中，成立于2011年7月的文物保护志愿者成为了中坚力量。他们放弃周末、假期，与文保所的工作人员并肩作战，流血流汗，为拓片工作的完成做出了突出贡献。

当欣赏到这些精美绝伦的拓片时，人们无法想象我们的工作人员在悬崖峭壁间，冒着极大风险艰难施工的场景；也无法感受到他们头顶烈日、身披寒风、背着沉重的行囊翻山越岭、风餐露宿的艰辛。

2013年1月，由连云港市文化广电新闻出版局主办，连云港市重点文物保护研究所承办的"连云港市地面石刻精品拓片展"在市美术馆成功举办。此次展览从一个方面反映了连云港地区文化延续发展的脉络，受到广大市民的普遍好评。

为了让更多的人看到这次拓片整理的成果，也为了让连云港的历史遗存展示给更多的人观览，连云港市重点文物保护研究所工作人员编辑了这本《石上墨韵——连云港石刻拓片精选》。从拓片工作的开展，到拓片的挑选、装裱，再到拓片资料的收集、核实，最后再到大纲的编排、书稿的撰写等，文保所工作人员都倾注了大量的辛劳。本书的编辑出版，既让连云港市重点文物保护研究所工作人员感到很大的压力，也得到了很好的锻炼。

本书的编写，得到了江苏省文物局和连云港市文化广电新闻出版局领导的关注和大力支持；连云港市文博行业同仁为本书提供了建设性的建议和鼎力协助；连云港市文物保护学会的广大文物保护志愿者为本书的顺利出版也做了大量的工作。在此，一并表示衷心地感谢！

由于时间仓促，水平有限，缺点错误，请多指正。

文保所工作人员

高 伟

孙 亮

骆 琳

谢云峰

李晶

唐 欣

石　峰

祝景强

刘　阳

文物保护志愿者 |

陈贵洲

封其灿

刘洪雨

李 彬

封昌秀

韩继云

芦文婷

王红川

张彦江

张义成

朱孔英

李　军